我在万达这七年

一个职业经理人的晋升之路

刘文涛 著

中央编译出版社
ICCTP Central Compilation & Translation Press

图书在版编目 (CIP) 数据

我在万达这七年：一个职业经理人的晋升之路 / 刘文涛著．—北京：中央编译出版社，2018.1
ISBN 978-7-5117-3342-9

Ⅰ.①我…
Ⅱ.①刘…
Ⅲ.①刘文涛－自传
Ⅳ.① K825.38

中国版本图书馆 CIP 数据核字 (2017) 第 144274 号

我在万达这七年：一个职业经理人的晋升之路

出 版 人：	葛海彦
出版统筹：	贾宇琰
责任编辑：	朱瑞雪
特邀策划：	韩德江
责任印制：	刘 慧
出版发行：	中央编译出版社
地　　址：	北京西城区车公庄大街乙 5 号鸿儒大厦 B 座 (100044)
电　　话：	(010) 52612345（总编室）　(010) 52612341（编辑室）
	(010) 52612316（发行部）　(010) 52612346（馆配部）
传　　真：	(010) 66515838
经　　销：	全国新华书店
印　　刷：	北京时捷印刷有限公司
开　　本：	787 毫米 ×1092 毫米　1/16
字　　数：	204 千字
印　　张：	17.5
版　　次：	2018 年 1 月第 1 版
印　　次：	2018 年 1 月第 1 次印刷
定　　价：	49.00 元
网　　址：	http://www.cctphome.com　　邮　箱：cctp@cctphome.com
新浪微博：	@ 中央编译出版社　　　微　信：中央编译出版社（ID：cctphome）
淘宝店铺：	中央编译出版社直销店 (http://shop108367160.taobao.com) (010) 55626985

本社常年法律顾问：北京市吴栾赵阎律师事务所律师　闫军　梁勤
凡有印装质量问题，本社负责调换，电话：(010) 55626985

自 序

我从 2008 年 11 月进入万达集团，中间 2012 年 10 月曾经离开，再到 2015 年 5 月回来，直到 2015 年 10 月最终离开，在万达累计五年多，跨度是七年时间。即便在中间短暂离开的日子里，也经常会恍惚以为自己还在万达，拿起电话会脱口而出"你好，万达百货"，当然也没有中断与万达和同事们的各种联系。由于这七年打上了太深的万达烙印，尤其是短暂离开后又二次入职，使得在万达的时间能够得以连贯，所以我愿意用此书名来表示我在万达的年限——七年。

这期间，中国商业环境发生的变化，可以用波谲云诡、令人瞠目结舌来形容。其中之一便是房地产的 V 型反转！而这也是万达成为今天世界一流企业的重要外部原因，当然我不认为这是最主要原因。

记得我 2008 年年底刚到北京，房价由于受金融危机的影响，有了大幅下降，CBD 地段的阳光 100，均价只需要 1.5 万元一平方米，今天则接近 6 万！

当时入职万达，要找附近的房子租住，因为考虑到离公司尽量近、同时又能满足女儿上幼儿园的需要，最终就选了四惠地铁站边上的通惠家园，我们万达百货（当时叫万千百货）商品部有位女同事，她在紧挨通惠家园的壹线国际买了两套精装二手房，每平方米才 9000 多元！而今天的壹线国际房价，已达到 5 万多元一平方米！也有同事劝我买，不要租，我想北京房价比青岛高多了，空气又不好，很多专家说房价已到顶部，又恰逢美国次贷危机带来冲击，一定会跌下来的，那我就等跌下来再买吧！

人世间最痛苦的事，莫过于明明经历了房地产的黄金十年，却眼睁睁与它擦肩而过。

短短七年时间，帝都房价涨了约 400%！而大家都曾跟着一起疯狂过的股市，却再也没摸到 2007 年的高点！

如果时光能够倒流回去，我想很多人会跟我一样，无论砸锅卖铁还是找亲戚借钱，一定要多买房子！

2008 年的万达，还只是一家以房地产为主营业务的企业，号称南万科、北万达，当时商业比重不大，商管公司的年租金收入只有 10 亿！而我入职的万千百货，则只有哈尔滨香坊、成都锦华、西安雁塔 3 家已开业店，一家北京石景山筹备店。

王健林董事长在年会上很高兴地表扬了大家 2008 年的努力，认为公司业绩整体良好，集团纳税也破纪录地接近 14 亿元，被中国银行和中国农业银行评委全国 A 类重点大客户，而获得此资格的国内企业只有不到 50 家！

年会上的老板照例唱了歌，豪迈的王健林董事长特别强调：越是这样困难的时候，就越是万达弯道超车的机会！

今天的万达大家都知道了！也是短短七年时间，很多企业烟消云散了，很多原来与万达同等级别的企业也被远远地抛在了后头。

2015 年的万达，资产已经达到了 6340 亿，年收入超过 2900 亿，年纳税达到 302 亿！从纳税的角度看，2015 年比 2008 年的 14 亿增长了 21 倍！

今天的万达，已经是中国企业的商业热点和头条，董事长王健林也继续蝉联亚洲首富，儿子王思聪是当之无愧的第一网红。

有人说万达的发展是赶上四万亿、赶上地产大发展。没错，但是毫无疑问，房地产的发展远低于万达的发展。你看，七年房价才增长4倍，而万达光纳税就增长了21倍。

而一个职业经理人在这样的企业环境下，究竟如何定位自己呢？

毫无疑问，在万达，只要你会学习、能执行、懂坚持，成长是肯定的。

王健林说过："在万达，就是要长（涨）三样东西，一是涨工资，二是涨本事，三是涨幸福指数。"

当初我是深信不疑的，只是后来，就是第二次进万达，也就是2015年6月以后，我开始将信将疑。

我第二次离开万达时候的职务是万达百货南区企划部总经理，也是理论上的总经理级高管了（万达商业上市后，集团内部副总裁级别以下的高管统称为高职，从这个角度，更严格地说，我的职级应该是高职），这次的离职与2012年10月那次截然不同。当时的各种情感纠结、各种恋恋不舍，甚至是泪洒当场，到这次基本上变成了一种淡然接受，虽然心里也有不平衡，也有不好受，但竟没有掉过一滴眼泪，甚至竟有一丝惬意、一种解脱。

是越长大内心越麻木了，还是工作压力大到认为离开是解脱？我想都不是。

对于职场，对于职业经理人的责任，我自认为还是葆有激情的。回想起后来在万达工作，指标变成了一切，管控代替了创新，仅有的一些精神层面的成就感，似乎也只是来源于"我是在万达集团、在首富公司工作"的虚荣心吧。

近几年，万达集团迅速发展引进了大量高端职业经理人。像原微软中国总裁、新闻集团全球副总裁高群耀，原喜达屋大中华区总裁钱进，原深圳证交所的副总经理陆肖马，原建设银行投资部总经理王贵亚，原渤海银行行长赵世刚等等，也都纷纷加入万达。

当然，这其中的不少人由于种种原因，短暂加盟后再次离开，像原迪士尼副总裁唐军、原佳品网COO董策、原银座集团副总裁孙靖寰、原阿里巴巴技术总监龚义涛等等，基本在万达不会超过三年。

最让我吃惊的是，跟随王健林14年的万达文化集团副总裁叶宁的离职！叶宁分管院线、影业、发行、《华夏时报》等多家文化公司，而2015年年会上，王健林特别对叶宁的工作提出表扬，他说：

"集团要对院线、影视、发行三家公司以及分管副总裁叶宁的出色工作提出表扬，年会前已对这三家公司的总经理给予提拔。万达有句老话：在万达工作好就是最好的关系。万达有人才管理的五条原则，人际关系简单化是其中一条，所以在万达工作好就会被提拔。这里号召集团所有系统向三家公司学习，万达年会总结已经好几年不单独表扬公司和个人，但他们的表现确实非常出色，所以破例点名表扬。"

然而，一个月后，叶宁提出了离职，二个月后传出消息：叶宁加盟华谊兄弟任CEO！

或许这是职业经理人的宿命！但也反映出万达近些年的确有些脚步快过大脑，大脑又快过灵魂。

当然，万达战略转型的成功开始显现。房地产不再一枝独秀，轻资产商业、电影院线、体育、旅游、金融、互联网O2O等等，几乎每一项都做到了业内第一，或在第一的路上。

有时候我在想，如果我当年入职的不是万达百货，而是万达商管，会不会现在还在？当时的百货在集团内对商业专业性的认可上，是高于商管的，而现在却颠倒了过来。

但是，历史没有假设，职场中也没有。我从万达集团百货总部的一个经理，逐步上升为部门副总经理、区域副总经理，直到部门总经理，虽然今天离开了，我依然是心存感念，祈盼万达的脚步、大脑和灵魂能够一致，并祝老东家真正说到做到，成为世界上名副其实的第一流企业和品牌。

最后，我想借用曾在朋友圈发过的一条信息作为对这七年的谢意：感恩一切值得的人和事，祝福真心相遇的事和人。

目录 CONTENTS

第一章　入职万达
　　一、巴黎春天的赏识　001
　　二、猎头的电话　008
　　三、到北京去　014
　　四、北京的冬天　020

第二章　留在总部
　　一、家人的意见　026
　　二、做个合格的总部管理者　032
　　三、万千人自己的司歌　039
　　四、开业筹建　044

第三章　获得提拔
　　一、部门要合并　053
　　二、万达 Feeling　060
　　三、奇妙的调整　067
　　四、升职了　072

第四章　内部变动

　　一、部门壮大　079

　　二、走出地平线　085

　　三、来了新领导　090

　　四、营运中心时代　097

第五章　走进瓶颈

　　一、海清代言悖论　105

　　二、百货扩张之踵　113

　　三、营运中心的人员变化　119

　　四、明降暗升下门店　126

第六章　万千之变

　　一、去济南首战告捷　132

　　二、齐鲁花园的日子　139

　　三、个中变局　145

　　四、从没想过要离开　152

第七章　思聪那年

　　一、先来欣赏一次直言不讳的付费问答　160

　　二、我的认识　166

　　三、他的事业　172

　　四、他与万达互相影响　177

第八章　转战港企
　　一、济南店再变　184
　　二、香港老板的三个电话　190
　　三、真正的考验与较量　196
　　四、工作推进未达预期效果　203

第九章　再回万达
　　一、从江疏影到彭小峰　210
　　二、电商荷尔蒙迸发　216
　　三、非凡的创业传奇　222
　　四、万达的人才回流　229

第十章　百货变局
　　一、第四届珠宝节惊魂　236
　　二、复被重用　242
　　三、晋升南区企划部总经理　248
　　四、撤店风暴　252

后　记　　　　　　　　260

第一章 入职万达

一、巴黎春天的赏识

说起与万达的缘分,于我,不得不说的就是在青岛巴黎春天广场的经历。

那是一个很阳光明媚的青岛春日,刚刚在上一份工作中惆怅地结束,并且女儿也即将出生。毕业后工作了六年,突然面临一个十字路口,不但当年的踌躇满志一扫全无,而且生存的压力也使得我喘不过气来。妻子待产中,我待业中,女儿待生中,父母关切中,岳父母敦促中……又听说当年的同学博士毕业留在复旦大学任教了,当年的同学在市政府人事处升为副处级干部了,当年的同学入狱四年出来仅两年就与人联合开发地产成为千万富翁了,当年的初恋情人也在某招商局风生水起,据说后来也是副局长了。

六年前,我们都是一样的风华正茂和书生意气,一样的志大才疏和傻不拉叽;六年后,却是物是人非,高下已分。青岛明媚的阳光,温柔肆虐的海水,漂浮于城市上空肆无忌惮的杨花柳絮,都使我提不起精神来。

恰恰此时,一个原来一起工作过的关系还不错的女同事给我打了一个电话,就是这个电话在我职业的十字路口给我了一个选择到今天的方向。

她说海信巴黎春天，就是原海信广场（就是当年青岛最高端的百货商场），正在找一个企划部经理，问我有没有兴趣。

我内心一阵波澜，却以十分淡定的语气说："可以去聊聊。"

于是，我拿着老婆曾为海信广场、阳光百货设计过的作品，加上我以前工作的履历，先后见了当时的人力资源部长、分管企划的副总经理王总以及公司总经理梁总。机缘巧合，也许是我老婆的作品他们太过于熟悉的缘故，最终确定下来，我到了企划部，任企划部经理。

这里要说明的是，巴黎春天延续的是海信广场的传统，部门的部长才是中层经理级干部，而经理其实只是一个主管级别。比如招商经理、楼层经理、企划经理、美陈经理等等，是主管级；而招商部部长、营运部部长、企划部部长等等，才是经理级。

巴黎春天是宝姿集团投资的，总部在厦门。当时花旗银行、英国3i集团也有联合投资，因为要与法国的巴黎春天区别，青岛公司后来更名为青岛春天广场，集团公司就是大家都知道的在香港上市的中国春天百货集团。

我虽然是经理级，上面还有一个主持工作的副部长，但我却在工作上当仁不让，常常有点意淫似的把自己放在统筹整个企划部的角色上。凡部门的事，都会主动去做、去安排；与其他部门沟通对接，我也责无旁贷；银企会上营销活动讨论，我更是与其他部门和公司领导据理力争！

举一个例子，当时公司总经理梁总召集班子成员及各部门的部长开了一个春节前的经营会议，并且在会上定下来下周再增加一档活动，因为上周的活动效果非常不错，距离春节越来越近，大家认为应该抓住机会乘胜促销、提高业绩。

会后，我们企划部的副部长向我传达了这一决定，要求我尽快出一个营销方案。我听后显得十分不理解，并且好像还有些气愤。我说："营销要按计划、按步骤来，我们上周刚做了活动，下周接着做，顾客消费会被透支的，也属于杀鸡取卵啊！"副部长说这是公司决定，我说我找王总去。当然王总也说要做，是公司和梁总最后拍板定的。

我居然理直气壮地拿出半路出家学来的营销策划理论跟王总理论起来：一是营销要讲节奏，打乱节奏的结果就是将来顾客对活动的信任度必然递减；二是如果做，也没有足够的时间去宣传、预热，匆忙投入企划费用，销售业绩不一定能达到理想结果；三是最关键的是我们不能做一个频繁促销的商场，这不应该是我们的追求。王总听后，沉默了一小会儿，说："我觉得你说的也有道理。"哈哈！我跟王总慢慢成了很好的上下级跟朋友，后来他也跳槽去过万达集团，曾任过一年上海江桥万达广场总经理，几年后又担任了青岛CBD万达广场总经理。

当时我跟王总说："既然是梁总的最后决定，要不我去跟梁总说说？"我估计自己那时大概是有些疯了，一个主管级员工居然要去告诉总经理应该怎么做？！

梁总倒是笑眯眯地听完了我的意见，最后他想了想，说："下周活动就取消吧，我跟王总和办公室说一下，一会让他们下个通知。"

我一下子感到窗外的阳光原来这么明媚，几公里外温柔肆虐的海水是那么可亲！哈哈！后来王总跟我说，很佩服我当时的单纯和勇气，并问我在万达是否还能保持这个心态，我坚定地摇了摇头，心想，如果在万达这么干，不知道要死多少回呢！

当然很多人看到这里会有另一种看法，完了，你以后小鞋是穿定了，在巴黎春天也待不长了。一是你敢越过上级跟上级的上级汇报工作，二是你居然还敢跟上级的上级的上级去游说更改活动，三是你一个普通员工怎么可能会有这么疯狂的想法去否定总经理办公会上的公开决议？

可能当时也会有小鞋穿，也会有些别人的议论，但好在我碰上了儒雅开明业务经验丰富的王总，碰上了格局境界不一般的青岛商界大咖梁总。他们正好需要一个能干肯干的中层干部去开拓局面，而我的莽撞冒失却恰恰是以公司利益为动机、以专业营销为出发点的，虽然我有些不讲规矩，但总归对公司是无害而有益的。

此后，我更加坚定地去做自己认为是正确的事。一次我在策划活动时突然想到：不管新商圈如何变幻，巴黎春天所在的山东路 9 号就代表了这座城市历久弥新的奢华尊贵的消费主义地标，她是一种情感的依托，就像剑桥、牛津大学，历经沧桑却依然保持学术朝圣的地位，新起的大学再漂亮、再雄阔，也难以比拟那种格局。于是，我提出一句话"永远的山东路 9 号"，借着店庆期间推出系列软文，很快成为当时青岛商圈的一句经典。

2007 年年会，梁总带队共 10 个人去厦门集团开会，其中就有我，也见到了传奇人物宝姿集团董事长兼巴黎春天百货集团董事长陈启泰先生。开完正规会议后，陈启泰先生邀请我们到鼓浪屿他的私人别墅去吃巴西烤肉，并参观了这座有着百年历史的老建筑。据说陈董事长一心经营，平时很少应酬，基本上晚上 10 点以后一定回家。宝姿是陈氏家族最主要的投资，而百货集团也一度是国内最大规模中高端商场的代名词，并且于 2009 年在香港联交所上市。成功的企业家要么疯狂创新野心勃勃，如乔布斯，要么沉稳自律步步为营，如稻盛和夫，陈启泰明显是后者。其实大多人华人或亚洲企业家，基本上是稻盛和夫的信徒。

从厦门回来没多久，我就被提拔为企划部部长。晋升为部长之后，月工资从3000元到了5500元，年底奖金另算，那时是2008年初，我基本上也算是青岛这个城市行业内的营销名人了。我开始放开手脚准备大干一场。期间，做了几件很重要的事，可以拿出来说说。

一件是青岛爱心伞事件，具体是这样的：随着雨季的到来，有些市民因为忘记带伞或因突发天气状况而淋雨；我们与当时的《青岛早报》合作，在巴黎春天广场推出一万把爱心伞（事实上不需要一万把，一千把就够了），下雨期间市民免费领取，当然也约定要再送回来，以便将爱心传递出去。第一篇新闻稿——《早报与巴黎春天广场联合推出爱心伞——下雨期间市民可免费领取》刊出，一下子引起轰动，并且引发了很多爱心故事，于是第二篇、第三篇新闻也随之出炉，巴黎春天广场成为了城市热点和爱心名片。

后来，我与早报记者赵健鹏再一合计，决定继续把话题推向深入。于是又出炉了《呼吁爱心继续传递——请未将爱心伞送回的朋友注意：百万市民喊你还伞》，话题继续升温！最后竟引起了中央电视台的关注，不但在中央8套播出了青岛爱心伞事件，连《新闻联播》居然也给了几秒钟的镜头！这一事件带来了巨大的公关效应，而核算下来的最终所有相关费用投入不过两三万块钱！

第二件事是联合市慈善总会成立青岛市第一家商场爱心基金——圆梦基金。当时是基于汶川地震以后，我们在想，作为一家商场，作为商场的企划部，除了能号召捐一些钱财之外，能否有一个长久的基金和机制，去捐助那些真正需要帮助的人。很奇怪当时居然会有这种使命感。于是，我就去找了青岛市慈善总会的张副会长，张会长也非常赞赏我们的决定。经过层层考察和审核，青岛市慈善总会最后同意与青岛巴黎春天广场正式成立圆梦基金，并且建立了完善的运作流程和捐助机制。

记得那是一个夏日里海风习习的下午，市政府及慈善总会的领导们来到巴黎春天广场，由当时青岛知名的电视台主持人黄小姐主持，梁总、王总等公司班子成员及中层部长们全部参加，圆梦基金正式成立！我突然感觉到，做营销和市场推广，真正以更宽广的境界和格局去做，才可能触及经营的最深层次，最优秀的营销一定是整合、跨界的，而不是就事论事，比如阿迪达斯赞助FIFA足球赛事、欧米茄赞助奥运会、上海购物中心K11去做艺术文化展等，只有最巧妙的关联性和爆点，才可能使得营销成为你品牌和服务得以创造差异化和辨识度的关键手段。

此后，利用圆梦基金的平台，我们不仅为汶川灾区的学校捐助了15万元的款项和学习用品等，还在10月底商场店庆日做了一场隆重的圆梦盛典。在这次重要的盛典上，巴黎春天百货集团的总裁Tony Lao（中文名是刘建业）亲临现场，市政府及慈善总会的领导和代表，接受捐助的青岛大学纺织学院的领导，全市十几家媒体记者，十几家供应商代表等三百多人参加，主持人则是我当时关系非常好的电台著名主持人邱磊和晓茗。这次活动的捐助对象是大学里贫困的艺术特长生，看到这些青春气息逼人的大学生可以接受我们的捐助，从而有条件将艺术学习及将来的职业生涯进行下去，感到由衷的高兴。从此，圆梦基金基本上确立了一个最主要的捐助方向，那就是具有艺术天赋或从事艺术学习的贫困生。

我记得那次活动我喝多了,那也是我最后一次在巴黎春天的营销活动了,当时我已经接到了万达的offer,马上要去万达在青岛的百货公司任职市场部经理,并且薪水达到8000元每月,年底奖金是4个月。

说实话,当时对于离开,我是万般不舍、千般纠结。一是我觉得公司领导对我非常器重,在某种程度上是有培养、提拔之恩情在;二是企划部有一帮非常棒的小伙伴们,离开他们绝对是十分难舍。最重要的,其实我原本在巴黎春天还有更大的一些营销想法,本想要继续创造奇迹。无奈,巴黎春天的商圈日益边缘化,我们都看在了眼里,虽然我在的2007年创造了历史上最高的业绩纪录,但以后却是日益下滑;同时,薪水待遇虽未构成离开的主要原因,但能够到更大平台上去施展自己的才华,绝对是一件吸引力极强的事情。这就是我最终到万达的原因。

我与相熟的媒体记者们一杯杯地喝着酒,当时《青岛财经日报》的吴老师,《青岛晚报》的孙老师,《青岛早报》的健鹏,《半岛都市报》的王滨等,都是非常好的朋友,大家说着彼此祝福的话,还有我最亲爱的企划团队,当时他们发誓要把这场店庆日的圆梦盛典办好,当作对我的送行和祝福,正当我喝到快不省人事的时候,集团总裁Tony过来向我敬了一杯酒,说:"感谢你,辛苦了。"我低下酒杯去碰了一下,说了声"谢谢总裁"。我知道,这清脆的碰杯声是最后告别巴黎春天的声音。

> **小贴士**
>
> 初入职场,要想获得机会,秘诀是:你要比你的直接上司还要更拼、更负责,同时还要无私心、不争。当然这不是唯一正确的路,但这是职场辩证法,需要用心体会。

二、猎头的电话

马云说过，修屋顶永远要在晴天的时候去修，等到下雨就来不及了，融资也一样，永远要在企业经营状况最好的时候去要钱。我觉得职场也是一个道理，跳槽，永远要在你最好的时候去跳，你才能更值钱。当然，前提是你真的能预料到自己在单位会遭遇的瓶颈以及清楚对自己未来的成长定位。千万不要因为在这家公司干得不顺就换到另一家去！因为你变的是公司，并不是你自己；公司变了，但你没有变，原来的烦恼和不顺还会不请自来！

而决定到万达去，就是因为我觉得我可以看到未来几年的自己，与现在不会有太大差别。

记得当时营运部的一个楼层经理，年龄比我大，已经在公司工作了10年，有一年要重新与巴黎春天签合同，他半开玩笑半认真地说："签终身呀，做事情一定要有这个忠诚度的！"后来果然签了终身合同，很多人也签了无固定期限合同。

但谁曾料到，这家在山东路9号的奢华商业地标，青岛最早，也是当时唯一一家的高级百货商场，竟然在2014年9月1日画上了句号：商场关店、人员遣散！这是王府井百货集团从中国春天百货手中收购了百货业务以后，经过反复测算做出的理性决定。其实，这就是商业的残酷性，摩托罗拉、诺基亚不也一样在最好的时候突然就不行了吗？！时代更迭的节奏加快了，职场中人当然要有对企业的忠诚度，也要识时务者为俊杰，就像古代大臣对于朝廷，大多数时候要尽忠，但有些时候也要审时度势、顺应潮流。

那是一个酷热的6月，我接到了北京一家猎头的电话，说是万达集团要在青岛做百货，叫万千百货，要找一个资深的市场部经理，问我有没有兴趣。这是我第一次接到猎头电话，有些莫名的成就感。我仔细地问了万达是不是那个曾经的足球王朝的缔造者，就是有郝海东、孙继海、张恩华、李明的那个万达。答案当然是肯定的，但人家现在主业早就不是足球，而是房地产，确切地说是商业地产，万千百货是他们斥巨资要打造的、愿景是国内第一流的百货集团。

我当时在巴黎春天正是如日中天之时，对于跳槽还并没有十分迫切的愿望，于是只是应付性地说了句"可以聊一下吧"。

过了一段时间，仿佛渐渐有些遗忘，突然到了好像是9月份，上次北京猎头的电话又打过来，说万千百货总部人力资源部总经理张总来青岛了，可以约见面试一下。我们就约在了青岛延吉路一家酒店大堂，在我按约定时间到达后足足又等了一个小时，张总出现了！

原来会好奇于一流企业的人事总经理会跟我聊什么，后来记得似乎聊的都是平常的一些身边事，比如做企划多少年了、自己做得最成功的营销案例是哪些、可不可以接受外派等等，居然聊了一个多小时！我也了解到万千百货已经开了哈尔滨、成都、西安三家店，马上北京石景山店也要开业。张总临走时跟我说，过几天等电话通知。

面试刚完没多久，猎头的电话立马打过来，询问聊得怎么样。接着又说万千百货的人事总经理对我印象还不错，可以先做一个管理性格测试。随后，万千的人事经理跟我联系，发给了我一封邮件，打开即是那个著名的管理测试。测试是要一气呵成的，中间不能有停顿，我下班后晚上回家做了那个测试，印象中都是些日常行为习惯的选择题，还有几道前后重复的问题，我的回答似乎并不连贯，甚至面对后来重复的问题担心是否与前面的回答一致。

不过第二天，猎头通知我，说我通过了管理测试，接下来可以等待复试通知了。

大概又是过了一个月，记得是国庆节刚过。猎头来电话说万千百货总经理丁遥先生来青岛了，约了几个人一起到万达延吉路的项目公司进行复试，并且告诉我丁总曾是万达集团商务部总经理、万达集团商管公司总经理，原来也是苏宁集团创始股东之一，总之是十分牛的人物。于是我就提前请了假，按约好的时间到了延吉路项目公司，去了一看，原来跟我一起复试的是四个人，而面试我们的有三个人：丁遥总经理、万千百货总部人力资源部张总，还有未来青岛万千百货的总经理张总（当时是成都万千常务副总）。并且让我感到匪夷所思的是，居然是我们四个候选人一起参加复试，而非一个一个面，并且这四个人里面据说有三个是青岛公司市场部经理的候选人，另外一个是青岛公司人事部经理候选人。我觉得有些不够受到尊重，心想反正我也不是非得要去万达不可，于是就抱着无所谓的态度爱咋咋地了。

整个面试都是丁总主导的，他首先问了我们四个人第一个问题：你觉得万千百货的定位应该是什么？

候选人们开始争先恐后地回答：在阳光百货干过的就说应该是时尚中高端定位，珠宝要周大福、钟表要欧米茄、女装起码是宝姿、女鞋是玖熙等等；在百盛干过的就说是时尚流行定位，一楼做鞋、二楼少女装、三楼淑女装、四楼男装运动；利群干过的则说最好是大众流行定位，这样起码人气可以保障。

丁总一一做了点评，并指出：定位首先是顾客层次定位，是我们的消费者是谁的问题，并且在定位中要考虑市场竞争以及机会点。

我一听果然是大咖，这见地不愧是万达集团的高管啊！

轮到我了，我因为还有些无所谓的情绪在里面，于是就大言不惭地说："其实，我现在无法给出一个明确的定位，因为首先我觉得集团应该有一个整体的百货定位，这样才有利于连锁化发展，其次我觉得要在青岛做更为详尽的市场调研，才能做好定位的细致的工作；如果仅凭感觉的话，我认为还是时尚流行的定位可能更靠谱一些吧。"

后面又连续问了几个问题，大致是在你认为的定位条件下，你的市场营销活动怎么做？

大家逐一阐述自己的思路，分别从促销的SP层面、文化的PR层面、会员的VIP营销层面，十分专业地表达了对于营销活动的策略、方法的解读。

我看到面试官们也纷纷点头，对大家的回答表示还算满意。

轮到我的时候，我说了一个就是时尚基调，我认为营销活动要围绕定位的时尚基调展开，而时尚基调要有百货自己的态度和风格，在此基础上，才会延伸出促销的折扣、满减、满赠等形式，会员活动和PR活动也才会有依托。

丁总好像也点了点头，其他人似乎并没有点头，我印象中大概是这样。

面试完成后，大家纷纷与丁总、两个张总致意、打招呼说再见，我则谁也没理，径直走出了房间，急步下楼，招手打了一辆出租车，直奔巴黎春天，我还有一大堆的事要做呢！

没想到的是，大约复试结束后的一周吧，那个熟悉的以010开头的电话打过来说："刘先生，恭喜你面试成功了！"

我当时足足愣了大约半分钟、嘴巴张开久久不能合拢。哦，忘了说了，猎头姓名叫 Emily，声音蛮好听的。她说丁总认为我很有市场营销的眼界，并且专业功底也不错，他们最终决定录用我！

虽然对万达还是有些憧憬和向往的，毕竟那曾在足球上是一个传奇，但我原本以为不会有戏的，况且在巴黎春天做得也很开心，所以心理准备并不是很充足。Emily 问我对工资的要求，我狠了狠心说了个不能低于 8000 元。我现在是 5500，如果 8000 他们能给则罢，不能给，我就可以理所当然地拒绝了。Emily 说回去跟他们的人事沟通。

很快给我回复：工资 8000，年底奖金 3-4 个月工资，去北京培训至少一个月，额外补贴税后 1600 元每月，还有餐补，加在一起税前也有 10000 元！

我怯怯地问：还能不能再高一点，毕竟跳槽要在一个新单位从头来过。

电话那头的 Emily 似乎笑了，告诉我这已经达到万达集团对于青岛这个城市百货公司经理级员工工资规定的高线了。

我似乎没有拒绝的理由了，于是说："好吧。"

随后就是万千百货总部的人力资源部张总跟我联系了。

他先是给我发了一份录用意向书，让我签字，并写上到岗的日期；然后告诉我说还要我提供两个背调的人员，他们要对我进行背景调查，最后的录取以背调后的结果为准。虽然有些忐忑，但一切还算顺利。

张经理发邮件给我，说："万千百货大家庭欢迎你，11 月 24 日在北京等你！"

那是 2008 年的 11 月 24 日，后来因为种种原因，我真正到北京的日子是 11 月 30 日。奥运会刚刚举办完，汶川地震也在这一年震撼过我们的心灵，《北京欢迎你》的旋律还久久绕梁于每一个城市。

辞职是痛苦的，我先后跟巴黎春天的王总、梁总表达离开的愿望，他们虽有不舍和挽留，但最终尊重了我的决定。还有团队的小伙伴们，我们相约着去爬崂山、吃农家宴，那天王总也去了。大家玩得很嗨，晚上就住在了崂山，我们玩起"杀人游戏"，尽情地喝着崂山啤酒，后来这 8 年我很少再喝过，但崂啤的味道还深深地留在脾胃和心底。记得当时同行女同事们也喝了不少酒，大家艳若桃花的脸庞映着窗外的皎皎明月，偶尔山林间还传来两声犬吠，这幅画面至今定格在我脑海里挥之不去。

我从巴黎春天离职的消息居然传到了海信广场。当时天津海信广场先是人事部张部长、后是总经理李总分别亲自打电话给我，说听说我从巴黎春天离职了，想邀请我加盟海信广场，做企划部部长，还说当时我在职，他们就有这个想法，现在离开就更好说了。我表示十分感恩，说我已经答应去万达集团了。李总说万千百货在青岛似乎只有 3 万平方米，海信广场则十多万平方米，规模、体量是不一样的。后来问起薪水，当时的张部长说他们可以比万达给的高。我真的很感动，海信广场在青岛就是高档百货的代名词，后来巴黎春天收购山东路 9 号的老海信广场，他们又先后在天津、青岛东海西路重新开出体量达到 10 万平方米以上的新店，并成为城市新的地标。在青岛做百货，能够去海信广场绝对是一个梦想。但是因为已经接受了万达的 offer，我只能遗憾地拒绝了李总的真诚邀请。

不过李总后来的一句话令我感动至今，他说："海信广场的大门永远向你敞开着。"

海信广场的管理一直是以人为本，员工归属感、忠诚度极高，虽然一开始不像万达那样发展迅猛，但最终慢慢沉淀出的结果同样精彩！现在，这两家店每家店的年销售额都分别接近 30 亿元人民币！

> **小贴士**
>
> 有心栽花花不开，无意插柳柳成荫。而这背后应该有两点：一点是专业上的自信，另外一点是你真的不在乎失去这次机会，而后者很难，有时候你越在乎、越动作、越变形，反而真正丧失机会。

三、到北京去

要去万达了，因为被告知先是去北京总部接受培训至少一个月，又听说当时北京的冬天特别冷，有从哈尔滨返回北京的万达同事说有几天感觉北京比哈尔滨还要冷！所以老婆特意给我买了厚厚的毛衣毛裤、厚厚的大衣。

那天买完我的衣服，我跟妻子推着不到两岁的女儿来到李沧公园，恰好青岛的天空飘起了雪花，以前青岛 11 月很少有雪，2008 年是个特例。

后来证明，当时全中国都出现了新中国成立以来最冷的纪录。大家印象深刻的应该有南方大雪，很多人滞留在广州回不了家，赵本山在春晚小品上还表示要给南方受灾的群众捐钱。青岛虽然飘雪，但并没有那么冷。

记得女儿伸出小手接着雪花，直往嘴里送，边送边乐得咯咯直笑。我却满是感慨，就要去北京了，一切像个谜，又如一场梦，所有的未知全都隐藏在了这飘洒的雪花里……

2008年11月30日，是我从青岛飞往北京万达总部报道的日子。

机票是万千总部人事帮忙订的，从青岛同行的还有另外三人。我告别家人，到达流亭机场，分别与另外三人会合。

他们分别是来自沃尔玛的青岛万千百货新任行政部经理刘鹏、来自阳光百货的新任人事部副经理张宗昆、来自阳光百货的新任财务部副经理程雷。

大家互相认识后，也了解到各自的孩子都差不多两岁，程雷、张宗昆的是儿子，我跟刘鹏的是女儿，都是为了职场前路不得不暂时离开妻儿。

到今天为止，只有程雷还在万达，他现在是万达集团财务共享中心的副总经理，并在2015年秉承了家庭、工作两不误原则又生了一个女儿，而张宗昆也曾做到济南万达百货副总经理，后于2013年初离开，刘鹏则是在2010年最早离开万达，并且四人中只有他离开时的职务是经理。

到达首都国际机场，是万达的资深老司机姜师傅来接我们，同时还有重庆公司的新任副总王总及商品部的招商经理曾小姐。都是初次到北京总部报道，大家很快就熟络起来。姜师傅带我们到了要入住的宾馆——离集团只有几百米的建国路上的大北宾馆，刘鹏指给我们看，说宾馆的题词是王光英题的。确定好房间，我跟程雷住一个标准间，刘鹏和张宗昆住一个标准间。

晚上，万千百货分管人事的李总请我们在集团总部，也即北京建国路CBD万达广场的一湖春湘菜馆吃饭，紧张加兴奋以及对未知的希冀，伴着冬日里火辣的湘菜一起下咽。我们都在等待着明天上班时刻的到来。

万千百货由万达集团成立于 2007 年 5 月，当时只有三家已开店，所以总部人员也只有三十多人，后来随着管辖门店数量的增多，总部人员最多达到二百多人。第二天的新员工迎接仪式由人事部张总主持，丁总及分管人事的李总也都参加。先是自我介绍，我们都提前准备了 PPT，主要就是自己的工作、学习经历及个性特点等。

我突然发现一个现象，以在大庭广众之下的演讲比较而言，女士比男士更好一点，南方的比北方的更好一点。具体就是女士会更有礼貌、更落落大方，南方的会更言之有物、分寸恰当，而男士尤其是北方男士会有些控制不住自己表现的节奏，甚至有些夸张言谈。

在这一点上，如果你不服，可以看看台湾人讲话和东北人讲话的区别，当然各有特色，但从同一问题阐述的专业性和可信度上，还是台湾人更胜一筹的概率大。比如这次，很明显发现重庆的王总和曾小姐自我介绍就更好一些，我们四个青岛人的介绍就或者显得拘谨，或者有些言过其实。

就拿我来说，我本以为自己也算是市场营销界十分专业并且自信的人了，突然面对这三十多人的眼睛，一下子就有些懵，为了急于表达出自己的能力和素质，最后有些托大地说"希望我能为万千百货的市场营销带来不一样的东西，真正做出自己应有的贡献"。这就搞得气氛有些僵硬，大家会觉得你刚来公司说话不要这么硬、这么直才对。

如果换成懂得四两拨千斤的人，他可能会这样结尾："我蛮喜欢打羽毛球的，听说咱们万千百货的羽毛球队特别厉害，我希望能加入哦，以后跟商管或院线系统比赛的时候，也能帮忙壮壮声势。"然后鞠个躬，说声谢谢大家，完美结束自我介绍！

令人多少有些沮丧的迎新会完事后，我们分别被安排到了企划部、财务部、人事部、行政部、商品部接受培训，重庆的王总因为是门店副总，级别较高，因此是由总部人事部统筹安排。

企划部主持工作的是副总经理黄黎名，他曾担任过万达集团商务部副总经理，后来筹建过成都万千百货，由万达集团的部门副总到万千百货的一个部门任副总，实质上是降职使用了。

记得黄总在我入职不久就安排我组织一个视频会议，是与哈尔滨、成都、西安、北京以及几个筹建店的总经理、分管企划副总经理及门店企划部经理的2009年度企划策略沟通会。

当时是我平生第一次去组织视频会议，原来在巴黎春天更多是电话会议。

于是各种协调，包括会议室、调试信息设备、约好参加门店时间，等等，原来的单位这些事情都不需要我亲自做的，有部门助理或主管去落实就好。

在万达总部，除了个别前台、行政助理之类的岗位，基本上最低级别就是经理级了，因此这些动手及协调的工作必须会做。经过一系列虐心的准备，视频会议终于如期召开。这次会议令我对总部企划管理和黄总刮目相看，我发现自己要学习的东西真的很多。

会议主要是围绕两个议题展开：一是门店全年的经营计划和企划方针，二是围绕以上企划策略，所需要的费用标准及费用结构配比。

而就每家店的汇报情况，黄总分别进行了指导：

西安店一是要控制企划费率在3%以内（门店提出的方案是4.8%），二是要在传统节假日之外，塑造属于万千自己的品牌差异化的活动，同时要重视 PR 活动；

哈尔滨店主要是确保上下半年的营销平衡，不要过于依赖下半年而放弃上半年，同时要确保 PR 活动与商品主题营销的关联性；

成都店则是每个月份的费用划分及结构问题，要根据经营指标均衡分配，并且结合商品调整塑造时尚的主题营销特色。

当时北京店刚刚开业，开业当天是比较火爆，但之后的日常销售只有十几万，所以黄总提出要通过企划活动来度过培育期。

大家可能知道，现在的北京店是万达百货单店业绩最高也是盈利能力最强的，这固然与店总的经营能力密不可分，但也反映了当时黄总清晰的企划管理头脑和经营逻辑。

会议结束后，黄总要我抓紧起草会议纪要下发。这是我的强项，很快起草完毕，黄总表示满意，于是顺利下发，即作为总部企划部的一项管理成果，也是我在总部培训期间的第一件成形工作。

上面的例子就看出，万达对大多数业务都是总部集权管控的。外界总有一种声音在说，万达是靠制度、靠流程、靠标准，就是不靠人，万达的事业离了谁都照样发展。这种理解是片面的。

实际上，制度、流程、业务标准，都是死的，不同的人去执行就会有不同的结果；同时这些东西也需要与时俱进，那就更需要人去改变、去完善。万达吸引的人才基本上是这个行业中最优秀的，人来了之后首先是融入，其次是通过制度、流程去发挥业务能力，更高一级的境界就是上升到战略、人力资源层面了，但这个很难，上去的属于凤毛麟角，像离开了万达，加盟华谊兄弟的叶宁肯定是，但我在万达七年，见到的这样的人很少，自己更是没有能够上升到这个层面。

视频会议结束后，我曾问黄总："总部这样管理地方公司，他们都是听从的吧？"黄总笑得很神秘，他说："你以为呢，下面门店这些总经理哪个不是人精、是大佬，要想真正推动总部企划策略的执行，除了靠制度，更重要的是你自身能力要能够得到大家的认可，就算业务上需要时间，但沟通上一定要强。"

"沟通能力在万达很重要。"黄总说得有些语重心长。

就这样，在培训期间，我慢慢开始了解万达这艘大船，了解自己所要面临的工作任务。

很快，我又顺利通过了万达的培训考试，据说考得还不错。当时觉得很搞笑，到一个企业入职培训居然还需要那么正式地去考试，无非就是一些制度、文化及业务规范什么的，选择题、填空题、判断题，还有问答题一样也不少。因为大家都在说，如果考试不及格是无法转正的，所以当时我们晚上回去酒店里又加班加点地背诵各类考题，最终都如愿以偿高分过关。

就这样，工作上，我慢慢在万达总部找到了感觉，虽然也说不上得心应手，但也能应付得来，尤其是对黄总布置的工作，我都试图稳准狠地去高效完成。一切向着良好的状态发展，没想到的是，这便引发了黄总想留我在总部工作的心思。

小贴士

地方上的专业选手初到全国平台上，会有一些不适，主要表现在两个方面：一是自恃专业好，会产生"我们原来不是这么干的"的自我隔离感；二是空有抱负却无从入手，因为制度、流程你还不熟悉，想干工作也难干好。我的经验教训就是，放下原来的专业骄傲，迅速争取到具体工作去展现，只要深入做一两次具体工作，无论好坏你都会得到融入新环境的结果。

四、北京的冬天

工作似乎还算顺利，但对于北京的生活，我则还完全没有适应。

按照公司规定，员工到异地，不管是工作出差还是参加培训，第一周是公司负责酒店住宿报销的，报销标准就是含吃饭、住宿及交通费用，经理级员工为500元每天，但一周以后则按照外派补贴额外发放补贴费用，也即前文说的，在北京的话，我们经理级为每月1600元。有意思的是，万达集团基本上是不给报销出租车票的，其他的交通工具可以。

当时这些公司制度还弄不清楚，好几天出去吃饭因为是些小馆子，于是都没有要到发票。

但刘鹏后来从别的地方搞到了一些发票，帮大家解了燃眉之急。

刘鹏这样一个十分活络的人，自然得到了欣赏和认可。据说分管人事行政的李总比较喜欢他，2010年筹建济南店时，要从青岛店选拔干部过去，他本来最有希望去济南店任后勤副总经理，由于面临着招聘任务在先，所以后来不得已选了张宗昆做后勤副总。

其实，职场的晋升，有时候很简单，时机对了，自己又恰好是合适的螺丝钉，如果再碰上合适的伯乐，自然就会轮到你。当然这是后来的事了，可以提前跟大家交代一下的是，我本人提拔为百货总部市场部副总经理，比张宗昆还要早一年。

当时，刘鹏的活络还表现在与兄弟公司的沟通交流上。比如几次一起吃饭，重庆公司的王总和曾小姐都称赞刘经理不错。

尤其是曾小姐，有几次考察商场，因为对北京不熟，刘鹏便担负起向导的职责来,重庆女孩子又比较有个性,有时说话比较冲一点,刘鹏同学也毫不介意,还是主动帮曾小姐解决各种问题,如电脑系统重装啊、无线上网链接啊、帮忙带饭啊,等等。

我们经常开他与曾小姐的玩笑,他自己却无所谓,大家心照不宣地笑着,成为在这个陌生城市里最寒冷冬天的一抹温暖。

我自己也是慢慢进入了角色,自以为可以像在青岛巴黎春天那样尽情发挥自己的业务能力和个性特点了。

有一天晚上总部举办了一个集体生日Party,在这个派对上大家都玩得很嗨。这里要说的是,无论玩得多嗨,大家一定要记得,任何一个机构或企事业单位的集体活动,都是企业文化和政治的一部分,甚至是上班工作的延续,每个人其实都代表着各自的部门、各自的派系、各自的利益。

当时记得企划部的黄总与招商部的副总经理尤总互相开着玩笑,并同各部门玩着一些小游戏,输了的好像是脸上被涂上蛋糕,不接受涂蛋糕的则要表演一个节目。

一会儿的工夫,我们的黄总脸上被涂上了不少蛋糕奶油,大家哈哈乐着。很快招商部的尤总也输了,黄总便过去给他涂蛋糕,他躲开了,大家也都起着哄。我当时突然冒出一句话:"尤总,那你就表演节目!"大家也都让尤总表演节目。

尤总的脸瞬间大变,瞪着我说:"你算老几,我玩的时候你还穿开裆裤呢吧!"

我当时一下子愣住了,同事们打岔过去,说着尤总耍赖,刘鹏也把我拉到一边。虽然很快气氛又嘻嘻哈哈热闹了起来,但我心里的疙瘩却没有解开,我第一次感到自己被一种集体的主流排除在外。

我当然跟尤总没有什么深仇大恨，后来也都正常交往。尤总第二年被派到万千百货西安民乐园店做店总，做得也比较吃力。

因为第二年我已经是总部市场部副总了，对门店有很多属于总部管理的工作，尤其西安民乐园是筹建店，对他们要求也比较高，尤总就主动打电话给我，邀请我过去指导工作，我因为忙于各店开业活动等，并且他们是2009年的7家筹建店中较晚开业的，所以尤总在的时候我并没有到过民乐园店。

听说他曾问过我们市场部的美陈经理——谢经理，问我提拔以后干得怎么样，谢经理说做得如鱼得水。以后也就没有了下文。他也很快离开了万达。

当时在北京总部待了一周时间以后，刘鹏与张宗昆要回去青岛，我跟程雷则被留下来继续协助工作，当然一开始是以从地方公司借调的名义。

那时万千百货总部各个部门人手少，所以有些工作就会找门店中比较优秀的经理过来帮忙，走的就是借调流程。

大家临走前两天，我跟程雷开玩笑问刘鹏："刘经理，你这要回去了，曾小姐怎么办？"

刘鹏说："我们回去联系呗，你们就甭跟着咸吃萝卜淡操心了。"

张宗昆爆料说："不用等回去才联系，他们两个明天约了去逛北京颐和园，把我撇在一边了，哈哈！"

最后他们回了青岛，我跟程雷的住处却成了必须要解决的第一问题。

倒是功夫不负有心人，我们很快在公司附近找到了一个看起来高大上的地方：人民日报社招待所。

这个曾全国闻名的招待所位于朝阳区金台西路上，离万达集团总部所在地走路 10 分钟左右,那时还沿袭着国有机构的优良传统,不仅房间干净、卫生,最关键价格公道。我们两个人要了一个三人间,每天是 120 元,当然是内部价,唯一遗憾的就是卫生间是在外面公用的,其他都还不错。尤其是早餐不错,小米粥、油条、包子、馒头、咸菜等应有尽有,需要我们用钱买他们内部的饭票,大约一到两块钱就能吃饱!可惜的是,一年以后这个招待所拆了,没有了价格公道、干净卫生的房间,也没有了每顿一块钱多一点的丰盛早餐。

我们在人民日报社招待所住了大约一个月时间,没想到借调还在继续,都快过年了,我跟程雷也没能回去青岛。一个月以后我们搬出来了,是因为我们一致觉得,虽然每人每天 60 元还算可以,但我们的补贴只有 1600 元每月,我们认为在北京应该攒下一些钱,过年好拿回家里去。

于是接着找住处。当我们发现在西大望路上那一处闪烁着霓虹的"国营旅馆"的时候,眼睛都齐刷刷地亮了!

那个国营旅馆其实是一个半地下的招待所,里面几乎房客爆满。我们挑了一个所谓的标间,老板报价是每天 60 元,后来说是常住,优惠到每月 1500 元!我跟程雷面面相觑:难道我们真的要住这传说中的地下室了吗?

我们可是万达集团的经理级员工啊!最后,我们约定,这个消息对谁也不说,为了省钱,当然也算是体验生活,我们就住了!

住进去感觉也还不错,没有想象中那么 low,并且到公司走路也只有 20 分钟。只是房间隔音效果比较差,好几天晚上我们都睡下了,隔壁房间里突然就响起了此起彼伏的叫床声,并且那个女的特别夸张,我相信隔壁的隔壁都能听得见。有一次我们实在睡不着了，隔壁还在叫着，程雷就起床开门出去，敲了敲隔壁的房门，提醒他们小点声。果然，那边突然就静下来了。不过马上就是脚步声，接着我们的房门被咚咚咚地敲起来，一个男的声音骂骂咧咧的，意思是叫我们出去。我们俩不出声，假装睡着，心里还是有些怕。一会儿那个男的就回去了，后来几个晚上再也没听到那个女的夸张的声音。

元旦来了，公司放三天假，我跟程雷都没回青岛，我们准备去爬长城。2009年1月1日，北京有据可查的气温应该在零下10度左右。这个时候爬长城，哈哈，绝对没有后来大家看到的国庆期间长城哭了的景象。我们先是地铁到德胜门，在德胜门坐上到八达岭长城的专车，一路直达。一下车，那叫一个冷！

不到长城非好汉，这句话就是彻底的一个忽悠，当然也是长城最牛的广告语！受此蛊惑，我们两个一路往上爬。到半山腰，望见光秃秃的山谷，我想给家里打个电话。

于是打给了老婆，还跟咿呀学语的女儿聊了一阵，又打给父亲，表达我已登长城的豪迈！

整个城墙人非常少，我们到了自认为是顶的一段后，大喊了几声！

1月1日元旦，零下10度，北京长城。

这一切都似乎在意味着什么。

意味着什么呢？就算是意味着我们在职场上将要迈向新台阶吧。

实在太冷了，我们决定回去喝酒。到旅馆附近的一个山西餐厅，我们喝得酩酊大醉。程雷说：总部财务部要他留在北京，他不想留。为什么呢？因为一是工资也好像还是在青岛的标准，最多就是加1600元的补贴，二是儿子还小，老婆也不愿意他离开。

他问我怎么想的,我说还没确定呢。黄总跟我表达过要我留下来的想法,我要跟家里人再商量商量。

> **小贴士**
>
> 新人容易被忽视,甚至被鄙视、欺负,但要找到真正能帮到你的上级,这时你才能立住脚,当然,这个前提是你的上级拥有远强于你的能力和决定你命运的实力。这个与巴黎春天的情形不同,大家要会分辨。

第二章　留在总部

一、家人的意见

对于是否要离开青岛，到万达集团北京总部工作，以父母、岳父岳母、老婆等为核心的家里人大致上形成以下几个意见：

一是大家普遍觉得能到总部工作体现了领导对咱们的重视，说明还算是一个人才，对于个人来讲是一个机会，总部的平台也大，在北京能够接触的层次也高；

二是北京生活成本要高于青岛，就拿房价来说，青岛市内均价只有七八千块钱每平方米，北京却要两三万，就算是租房，房租也得三四千块钱；

三是老婆孩子不能长期分离，如果她们也要到北京的话，老婆就得辞掉青岛的工作，女儿就得到北京上幼儿园，辞掉工作是一块损失，女儿上北京幼儿园学费肯定比青岛要高出不少。

基于以上三点，大家的意见达到一致：如果要留在北京，那么先跟万达总部领导申请一下，看能否根据总部工作的级别和北京生活的成本，适当提高一下工资。

当然，我也征询了一些朋友的意见。

尤其是原来在青岛某杂志做主编、后来与老公一起搬到北京、再后来成为中国最著名的房地产联盟——中城联盟主编兼品牌总监的赵丽莉女士认为，来北京是值得的，它会给你无限的想象空间和生活可能！

从她的言谈中，我看得出她对来北京的生活是满意的，并且当时她的孩子也要马上出生了。但我还是有些犹豫，我说："感觉好麻烦的，我青岛的那一些家具又不方便搬过来，在北京还要重新整治一个家，哎呀，想想都头痛。"

赵丽莉表示很惊讶，一个大男人是这样考虑问题的吗？

好吧，我决定试试。

我跟黄总先是表达了对他给予我肯定的谢意，也表示愿意来北京协助他工作，但是考虑到生活成本，希望能够提高一下工资。

他问："你期望每月多少？"

我说："现在是8000元工资加1600元的外派补贴，再加几百块餐补，每月大约10000元，但是扣除保险公积金和个人所得税后到手好像不到8000元，如果在北京生活，起码能实际到手10000元吧。"

黄总说："没问题，我去跟丁总说。"

黄总态度很坚决，就是要留我在总部。但是好像集团的政策是外地的经理级员工往总部借调可以，直接调任总部还需要跟集团人事部去说明情况。

万千百货分管人事行政的李总让人事部总经理张总去问问看，张总后来的回复是可能很难办。

黄总又去找了丁总和李总，总之经过一段反复，最终确定我可以直接从青岛调任总部，职务从青岛千万百货市场部经理，变为万千百货股份有限公司企划部市场经理，薪水从8000元调整到10000元，总数税前每月达到了12000元，税后基本接近

10000元。

恰逢春节到来，程雷放假提前回青岛了。我是年三十那一天的下午走的，在北京开往青岛的高铁上，偶尔听着停靠站附近传来的噼噼啪啪的鞭炮声，我内心此起彼伏。

这个2008年我们经历的太多了，汶川地震、南方雪灾、金融危机、房价下降，而于我自己，从圆梦基金成立，到海信广场李总的邀请，从入职万达青岛公司，到直接留在总部任职，工资从年初3000多元到任巴黎春天企划部长时的5500元，再到8000元、到12000元，这一切都在这一年完成了！

而今天，马上就是大年三十的晚上，我马上要回到青岛的家里，要与家人具体研究的就是，年后的大搬家！

春节假期短暂，没有太多的时间去见更多老朋友，老婆要准备辞职，孩子要准备过去北京上幼儿园，部分家具、家用要准备运到北京，心里也还一直想着回去北京开始找房子。

假期很快过去，我早已归心似箭。

再次住进"国营旅馆"，居然还有些留恋了。

程雷说："你不跟我一起住，那可增加了我每月的住宿负担了，不行，我得跟晓风总（刚从集团调到百货总部分管财务的王晓风王总）说说，让我尽快回到青岛。"是的，我要找房子，要从那个"国营旅馆"搬出来了。

找房子的过程绝对是个痛苦的过程：

第一，基于北京的交通不是人能承受的现实，住处要离公司近，近到一两站地铁或是走路直达的程度；

第二，社区里要有幼儿园，能够确保女儿上学且方便接送；

第三，因为小孩子的原因，还必须是板楼，不能是塔楼，必须是南向，不能是东西向，必须是两居室，不能是一居室（这一条是老婆提出的搬迁要约）；

第四，还不能太贵，不能超出 3500 元的月租金预算（这一条是我给自己设定的预算标准）。

我的天！我只好在百忙的工作中不断找信息、不断看房，我看好后发图片给我老婆，让她做最后定夺。那时还没有普及智能手机，iPhone 4 还在襁褓之中，乔布斯做完手术又生龙活虎地准备迎接自己更高的高度，当然更没有微博、微信，所有资料、图片只能是发送 QQ 邮箱了！部门同事谢经理给我一个网站，说上面可以直接找个人出租房屋的信息。那个网站叫"赶集网"，那时 58 同城排在赶集网之后，总经理姚劲波正为资金发愁、准备央求老婆把家里的存款拿出来给员工发工资呢！

功夫不负有心人，在搜寻了周边无数楼盘之后，我将目标终于锁定在了壹线国际和通惠家园区域。具体给大家解释一下，这是位于东四环外的四惠地铁站之上的大社区，有三个幼儿园，关键离公司附近的大望路地铁站只有一站，步行也可达。老婆在电话那头表示同意。

又经过了近一个月的时间，连续看房都看得快吐了的时候，在通惠家园惠生园 8 号楼有一套大两居室的房子，大约 98 平方米，板楼，南北通透，家具家电齐全，房东看起来也不错，最关键是房租才要 3300 元！

于是就定下来了，青岛那边的家人在了解房子具体情况后也很满意。

签订租房合同的那天是三月下旬的一个阳光明媚的周末，鸟儿在歌唱，杨柳在吐芽，发动机的轰鸣声也格外悦耳。我想象着老婆女儿来北京后一起生活的样子，《北京欢迎你》的旋律也一直在脑海里萦绕不绝。

那时女儿马上就两岁了，她跟我老婆还有她姥姥姥爷一起来到北京，并且表示出了对《北京欢迎你》这首歌的浓厚兴趣，她央求我给她唱，我因为五音不全，并且记不住歌词，随便哼了一下，她居然能接下来自己唱起来。

她姥姥很自豪地说："人家小金豆在青岛就会唱这首歌啦！"

后来我又教她一句电视上的戏词：死不了，开红花儿，风吹雨打它不蔫儿！老婆直骂我，说你这都教了些什么东西啊！她姥爷也逗，没事就问外孙女，你爸爸教给你什么了？小金豆大声回答：死不了，开红花儿，风吹雨打踏（它）不蔫儿！

那几个晚上我跟老婆经常是哄睡了女儿后，再看会儿电视，正好一个电视台重播《奋斗》，就是赵宝刚导演的，火了佟大为、文章、马伊琍、王珞丹的那个所谓青春励志偶像剧。

奇怪的是，原来在青岛，这种肥皂剧我连看都不要看的，在北京却看上了感觉，尤其印象深的是有一段，马伊琍在一个灯火辉煌的晚上跑到高处俯瞰北京城，大喊出"北京，我一定要幸福"的时候，我老婆插了一句话过来，说："我为了你在青岛辞职，你得帮我在北京找份工作。"

按说我老婆也曾是职场高手，当年是青岛知名房地产代理公司的策划总监、创意总监，最早我们2001年认识的时候，她工资每月3000元，我当时800元！当然，我用了7年时间才涨到12000元，应该说进步不算大，我分析主要是因为城市和平台原因，一个普通经理级员工的工资，在青岛最多也就5000元到8000元，而你从专员上升到经理级，如果这个企业是国企或平稳非连锁的公司，基本上是靠资历和熬的，不像万达，每年要开那么多店，每个店都需要总经理、副总经理、各部门经理等岗位，这对很多积极工作的员工来说一下子就有了机会了！如同上个世纪三四十年代，很多年轻人二三十岁就已经是师长、军长甚至将军了，就是因为要打仗、要快速地发展，年轻人才会有机会。

所以，如果年轻，就一定要找那些嗅得见市场竞争炮火、且快速发展的企业和岗位上去，这样你才会首先找到与成长同步的频道，才有机会得到提拔，否则你就只能很快蝇营狗苟，变成自己曾经讨厌的人。

这里多说一句，我们大多数人都会变成自己讨厌的人，尤其是你不成功还好，世俗上的成功以后，多数人难以幸免，有的只是程度深浅而已。

我老婆辞去青岛工作的时候，工资是 6000 元，虽然她曾起点比我高，但薪水的增长速度却大大慢于我。"好，"我说，"你先完善一下简历，然后在网上投投，我也帮你托人找找看。"

给老婆找工作的经历告诉我，虽然北京工作机会多，发展空间大，但如果你从头开始在这个城市去寻求一份合适的工作，并且通过在网上投简历的方式，那简直是效率低得不要不要的，无数次的简历投递都石沉大海，偶尔的几次面试多是一些于我们来说不靠谱的基础销售、保险、房产中介等工作。

后来，还是赵丽莉认识一个给银行做业务的广告策划公司的老总，他们正好需要一个资深的创意设计，地点在离通惠家园并不算园的竞园——北京所谓的文化艺术产业中心基地，就推荐了我老婆，简单面试之后，我老婆就在那个公司正式上班了。而自从老婆又开始重操美术创意设计这一旧业后，爱画画的小金豆变成了她妈妈的崇拜者，经常说自己长大了要像妈妈一样学美术。

> **小贴士**
>
> 喜欢上一份工作的原因绝对不是单一的，它可能是附着有喜欢这个城市、喜欢你的领导、能够与你的家人分享成长、有朋友交流等因素，所以那些完全封闭起来立志要做出一番事业的人，基本上都过不了自己的心理关，更遑论事业成功。

二、做个合格的总部管理者

你想在职场上有发展，一是自己在业务领域要专业，比如做招商、做IT、做人力资源，等等，总得体现专业性；二是要能够抓住机会。

说说容易，但你如何抓机会呢？其实最好的办法就是要有赏识你的人，就是大家所说的要有贵人相助、伯乐识马。

好，在这里，问大家一个问题：你如何让领导赏识你、提拔你？

可能有的人会说：我又不是领导肚子里的蛔虫，我只是做好自己就行了，在互联网时代，做好自己最重要，其他完全不在乎。

那我告诉你，你可能真有才，甚至可能被赏识，但被提拔的概率一般不会大。为什么呢？

因为你不能只具有独立的自我价值，更要有被领导任用的价值，如果你的能力和价值跟你的上级没关系，他干吗要提拔你？

还有人可能会说：那我就想尽办法去琢磨领导想什么，研究领导要什么，一切唯领导马首是瞻，完全服从领导的工作安排。

那我也告诉你，你可能有时会得到领导偶尔的任用，但被重用的概率也一般不会大。

这样的人在我国古代就被称为奸臣，与之相对的是忠臣。其实，对主子言听计从，甚至忠心耿耿的恰恰是那些奸臣，而忠臣往往会忠于自己的理想，而非主子的理想，所以违背主子意愿的事，忠臣肯定做得比奸臣多。

基于中国文化的特点，那些拍马溜须的人也会获得机会，但是，他们却没有自我独立的价值贡献。

最理想的是两者结合。怎么结合呢？就是你要在自己的业务领域有专长、有见地、有办法、有能力，是能够独当一面地完成一些事情的；同时也要懂得沟通，会换位思考，善于站在领导的立场上去理解和看待问题，能够为领导所用。

我当然做得不够好。不过我初来万达，想的就是如何利用我在巴黎春天积累的经验和自己多年的营销思考，为我们的总部企划部做点什么，当时是完全没有私心的，只想尽快证明自己，无所谓被谁利用、站在谁那一边。但我这么想、这么做的最大受益者自然是我们总部企划部的黄总，他喜欢我有事情揽过来不逃避责任的态度。所以，从这个意义上，黄总就是我的伯乐。

记得当时我答应留在总部，老婆女儿还没搬过来，我一个人在周末晚上去了后海的酒吧喝酒，接到了黄总的电话，他很关心我上班时在公司里流露出的疲倦的状态，问我没什么事吧，我说我当时感冒还没好，现在好多了。

酒吧里很吵，黄总问："你在干吗呢？"我说："在酒吧玩呢，您要不要过来？"

黄总是福建厦门人，个子不高，有些胖，笑起来眯着双眼，感觉很精神的样子。电话那头他笑骂了一句："你小子，小日子过得不错嘛！学会瞎服粪（胡混）了啊！"

至今我都记得，那个酒吧服务生见我一个人，向我推荐陪酒的漂亮姑娘，说好只收100块，我就答应了，结果这姐妹一个劲地点什么鸡尾酒、冰激凌，还跟我频频干杯，等到结账的时候，居然花了我一千多块钱！

后来老婆女儿过来了，黄总说他要请部门同事一块吃个饭，叫上自己的老婆或女朋友。我带了老婆，谢经理带了即将成为妻子的女朋友，加上黄总，还有另外一位女同事，在当时全北京最经典的日本料理店——团结湖公园边上的三四郎吃饭。大家吃得很开心，谢经理的未婚妻很漂亮，也很健谈。

黄总后来说，小谢不一定镇得住他女朋友，感觉不是一类人。我说他们好像谈了很久了，都要结婚了。黄总摇摇头，笑而不语。果然，后来两个人好像订了婚，但又很快分了手。

很快万千百货的北京店开起来以后，我们就有四家已开店，马上又面临着七家筹备店，这样仅在2009年，我们就面临着11家百货店的管理任务，所以总部层面的企划管理制度的拟定迫在眉睫。

黄总说本来他要写，但是他的事情太多了，问我能不能写，我说："没写过这类东西，要不我先写个初稿，到时您再给把把关。"

领到了这个艰巨的任务，我开始做各种准备，但就是不知道如何入手。

后来丁遥总经理给我们开了一次会议，他说制度要言简意赅，主要是对禁止行为的规定。黄总接过来说："丁总说的是，不过基于百货刚刚开始，很多新人对于一些基本概念和执行方法都还不统一、不清楚，所以我想在制度上增加一些管理规范的东西。"

丁总也表示认可，说也可以，那就既是对禁止行为的规定，也是对业务标准的规范。

我忽然有些豁然开朗，就跟黄总说："我看我们的主要业务范畴也就是促销活动、广告宣传、视觉美陈三大类，干脆从逻辑框架上就拟定为促销活动管理规定、广告宣传管理规定、视觉美陈管理规定怎么样？"黄总赞同，又说再加一篇章，就叫市场业务管理工具，也就是各类规范的表单。那就是一共四章，明白了！

我当时很兴奋，准备好好露一手，也让大家知道我来自青岛，留在总部，绝非浪得虚名。

后来经过一个多月的撰写，制度基本成型。这些都是绝对干货，初学商业营销企划管理的可以借鉴一下。

第一是营销活动层面。对于营销活动进行了分类，从形式上分为 SP 促销活动和 PR 公关活动，从规模上分为特大型、大型、中型和小型活动，然后是活动预算管理及活动审批管理；

第二是广告宣传层面。也进行了公共媒体和社区媒体的划分，然后是审批管理，并根据丁总的意见明确了"万千百货的广告宣传，要遵循中高端品牌建设的原则"；

第三是视觉美陈层面。这个当初黄总自己写作已经初步成型，谢经理也有诸多贡献，大致上进行了平面视觉及立体美陈的划分，又对立体美陈以属性划分了景观、橱窗和 DP 点，以主题划分了四季美陈、节日美陈和活动美陈，也进行了预算和审批管理规定的拟定；

最后是管理工具层面。我拟定和规范了统一的企划大纲模板、活动报批模板、投入产出分析表、活动总结模板及营销结算表等多个模板和表格。

黄总看后觉得比较满意，又经过几次修订，最后与集团的其他制度一起付之印刷。

这是我留在百货总部后，第一次真正意义上的以我为主完成的独立业务板块，对我自己也是一个学习、提升业务技能及管理格局的过程。

当时巴黎春天的王总也离开了，他去了青岛一家购物中心做总经理。

王总打电话给我，问我在万达总部怎么样。我说我正在制定总部市场管理制度呢，还把营销活动、广告宣传及视觉美陈进行了分类和业务标准的提炼。

王总说方便的话，发给他借鉴一下。后来他来北京，我们一起在新光天地负一层的拿渡吃麻辣香锅，他说我变得更加自信，气质状态也越来越好，看得出是个优秀的管理者了。

市场管理制度出来以后，接下来又有一个大的任务来了。

因为各地企划合作的活动公司、宣传媒体及美陈公司各不相同，签订合同的时候往往由门店提报当地的合同模板，甚至是用合作公司的合同，然后总部需要一份一份地审核、修改，就会非常麻烦，最关键是管理效率极低。

于是，丁总就要求企划部拟定标准化的合同模板，可以包括媒体类合同、公关类合同、美陈类合同等。

当时黄总说这个活儿非常麻烦，总部企划部能写合同的人恐怕只有黄总自己，其他人都没干过，基于当前工作量比较大，能否缓一下这项工作。

丁总表示不能，必须尽快出来，否则等门店的筹建工作和企划活动越来越多，总部就会应接不暇。在黄总的安排下，我开始负责这项工作。

撰写标准化合同，真的是我从来没做过的。

我先是找了一系列合同范本参考，然后用参考了各地报上来的各种规范不一的合作协议，慢慢看出了一些规律。

我发现多数合作协议，不外乎包括委托服务是什么、服务的时间、双方合作的政策或价格、付款方式、双方的权利和义务、违约责任、分歧协商等几个方面。

于是一下子豁然开朗！因为曾经一度找不到撰写协议的感觉，黄总一直问工作进度怎么样，我也一直拖着说得需要一些时间。但现在可以了，我感觉自己找到了秘诀。

于是很快，报纸广告、DM投放、短信发布、广播电视、户外广告、活动策划、美陈布置、设计服务、网络广告、制作安装、喷绘印刷等共11个合同的标准化模板不到一周全部出来！黄总看后觉得问题不大，略作修改后提交集团法务审核。

集团法务审核时加了不少修改意见，我立马在此基础上修改完善。就在我以为大功告成，交给门店反馈意见时，他们指出：这些合同是没问题，但可能只是一些框架协议，因为很多业务会更加具体，甚至多数都会在框架协议基础上，还要签订一些单次委托的合同！

我一听傻眼了！费心费力完成的11种合同，如果只是框架，那么每次合作还要再签一些单次协议，还要报给我们总部审核，这不但没减少工作，反而是增加了工作啊！

比如，签订一个短信发布合同，你可以约定在合同中全年发布80万条短信，每条6分钱，但是你没法约定每月发布多少，因为每月活动要根据销售任务完成情况进行调整，甚至同样的活动都有可能根据预算变化，投放的短信会有临时性变化，而这些变化就会每次再单独签订合作协议。

这可怎么办呢？丁总要是知道总部企划部的合同拟定反而增加了门店负担，也增加了总部审批的工作量，肯定会对我们的工作打个问号的！

于是黄总召集我们研究，讨论中我突然脑洞大开：拟定标准化合同、用以签订年度合作的各种框架协议，本身门店就是有这种需要的，而单次协议也是门店不可或缺的，那我们就在这11种标准合同基础上，再拟定单次合作协议的模板，这样不就解决了吗？这样都是标准化的东西，他们签订时也简单，我们审批时也简单。

黄总赞成，说就这么办。于是，11种年度合同模板、8份单次协议模板全都拟定成标准化的东西，一次下发给门店。从此以后，在相当长的时间内，万千百货的市场部全部采用这种标准化的协议，彻底解决了合同五花八门的问题。

小贴士

总部层面的营销工作，要有管理视角，这个视角就会让你从制定营销规范，包括营销分类、营销标准、营销工作流程及营销管理制度等层面出发，去审视具体工作，而往往一线管理者缺乏万达这种平台的宏观管控视野，有了系统化、大平台的锻炼，再回头看具体营销策划，就像《三体》中从高维空间去看低维世界，一切皆入眼底。

三、万千人自己的司歌

2009年上半年的万千百货总部，属于前勤的业务管理部门有招商部、营运部和企划部，每个部门有一名总经理，下面有副总经理、经理。

而当时分管这三个部门的是赵润涛赵总，万达集团高薪挖过来担任万千百货的常务副总经理，协助丁遥总经理工作。赵总来自于知名的百货集团——茂业集团，是当时为数不多在万千百货总部真正做过百货的高管。

据黄总说起，赵总对于企划部的工作似乎并不是太满意。

当时我们企划部还有一项重要任务，就是做万千百货的广告片和宣传片。

广告片是基于万千自身的品牌塑造和宣传推广，而宣传片是基于介绍万千的优势用以招商宣传。前者要做1分钟、30秒、15秒及5秒版本，后者要做8分钟及5分钟版本。这两个片子的预算是65万元，已经通过了丁总的批准。

原来这个工作是由企划部另一位负责公关宣传的经理做的，但后来黄总把这个任务也交给了我。于是一系列的立项、招标、定标及跟进制作的工作紧锣密鼓地展开。

赵总也时时听取该项工作的汇报，与此同时，黄总也将工作的进展情况第一时间汇报给丁总。

向丁总及赵总汇报的工作基本上是由黄总来做的，我们也正好踏踏实实做自己分内的工作。因为在万达向这些高层领导汇报，如果心理素质不好，很多人都会战战兢兢、不知所云，最终就是汇报失败。

举个例子。2009年初哈尔滨、成都、西安、北京四家已开店的经营指标要再次确定。

由于2008年严重的经济危机和比较差的销售完成情况，各个门店的总经理在对待自己的下一年指标上的态度偏向保守。

丁总召开了一次会议，招商部、企划部及营运部的第一负责人参加，然后是四家门店的总经理参加。

我当时没有资格参加，中间发生的事情是后来别人传出来的。当时据说是谈到了西安店的指标，总部下达了一个比较高的数字，但门店总经理何总一直没有接受这个指标，并且阐述了一些客观上的原因，希望总部能够不要给门店压力过大。

丁总一直没有说话，整个过程基本都是营运部跟门店在PK。后来营运部总经理谢总（注：来自台湾）有些妥协了，说："要不这样，总部定的数字你何总觉得高，但你们提的数字我们又觉得低，咱们就折中一下吧，取个都能接受的目标！"

话音刚落，丁总把手上杯子狠劲往桌子上一甩，大骂起来："你给我滚出去！谁让你在这和稀泥！"谢总一下子僵在那里，不说话了。指标问题也就不是问题了，门店完全接受。

后来事实证明，这四家店接受的总部高指标，全部超额完成，而营运部总经理谢总却在会议结束没多久，就被迫离职。

赵总的会似乎相对温和。

记得有一次赵总组织大家开会，我们经理级的也都一起参加，招商部、营运部及企划部分别进行了工作汇报。

赵总逐一进行点评。说到企划部，赵总指出：企划部三块工作，一个是活动，一个是宣传，一个是美陈，这三块是什么关系呢？它们不是各自独立的、分开的，是一个整体的。营销活动是中心，宣传和美陈是两翼，都是服务于经营。

赵总一边说，我们一边在下面记录着。

他举了个例子：比如说宣传，你要造噱头，要打广告，但是要结合经营进行，脱离了经营，你的广告意义何在？

我不知道赵总是不是针对广告片的拍摄，这个片子制作费用大约45万，如果在电视台播放的话是单独再算费用的。

我看到黄总头也未抬，一言不发地坐在那里。

拍广告片、宣传片都是要招标的，我开始负责以后，首先是要按集团招投标制度来筛选合格公司。恰好万千百货刚刚组建了成本部，负责人是马经理。于是我们两个便对接。

这时，黄总给予了非常大的指导帮助。他问我："你怎么筛选合格公司？"我回答不上来。

他指出有三个渠道：一是网上找资料，二是找集团推荐合作单位，三是公司内部推荐。并说："这样你至少能堵住大家的嘴，首先，你从渠道来源就多样化，从而避开流言蜚语；其次是资质考察，你要跟马经理还有其他人一起去，而不是你自己去；再次是项目沟通，最好也是你们几个经理共同沟通清楚我们的需求；最后，筛选出靠谱的四到五家公司就行。"

我的天，这就是在大的集团总部做事！光筛选几个公司来竞标就这么费劲，这要在青岛巴黎春天，基本上比较几家就可以定下来合作单位了，真真完全不可同日而语！

来来回回一个多月，终于召开投标会。丁总、赵总、李总及企划部黄总等高管都作为评委参加，经过一个漫长的会议及定标流程，最后大家定出了两家公司：广告片由一家叫作翰墨堂的影视制作公司来做，宣传片由一家叫水魔方的广告公司来做。

宣传片相对容易，主要是万千百货的历程、合作品牌访谈、专柜形象、顾客服务、营销活动、大事记、发展瞻望等，在宣传片中，我归纳总结出来万千式营销的四大模式：整合资源营销、主题消费营销、互动体验营销及节日文化营销，后来成为各门店市场营销执行的重要指导原则。

而广告片似乎没那么顺利，首先是百货做广告片在这个行业里很少，几乎没有参照标准，其次是大家众口难调，各有认知，要满足所有人的想法无疑是天方夜谭。

翰墨堂的李总过来提案，又按照我们的意见反复修改，最后他实在忍不住跟我抱怨，说："你们能不能集中一下意见反馈完，我们好按照你们的意思一次性完成，别这样翻来覆去地调整、修改。"

我也很理解，但我只能这样告诉他："你们还是要有品牌建设的高度和创意的主导性，你要把故事编好打动我们，这样大家的意见才会平息。"

翰墨堂李总回去又拿出了一个脚本方案：梦中的年轻女孩出现在现实中，男孩看到以后去追，但是女孩匆忙消失在城市如潮的人流中，男孩继续追寻，最终在万千百货门口相遇。男孩羞涩地问："我们可以约会吗？"女孩沉默了数秒，最后给出一个手势：OK。OK的变形是万千百货的logo，最后的slogon就是：万千百货，让生活更精彩。

看完以后，我跟黄总觉得故事还不错，清新、时尚，符合万千百货的定位。黄总说为避免夜长梦多，他直接找丁总去说。

最后，丁总拍板，按照这个故事脚本来。

最终广告片完成，大家觉得也还可以。但真正让万千百货在集团内部具有独特的形象和音效识别的，还是在广告片中的那首插曲：你总是带着微笑静静来到我的面前，甜蜜着与你相遇的每个瞬间，这种感觉是那么的让人留恋，我想留住这浪漫的画面；万千百货，超越了期待，万千百货，Shift my life，让生活更精彩……

后来，我又把这首插曲进行了完善，制作了时尚版、民乐版、钢琴版、混合乐版、交响乐版等多个版本，并制定出开业、员工活动、公关活动、商务会议、颁奖庆典等多个场合的使用规范。

再后来，在 VIS 理念的进一步启发下，公司提出音乐识别系统建设（AIS），应用于商场内和公司品牌推广中，甚至于 2011 年专门聘请了德国留学归来的音乐学博士来操刀此事。但后来做的所有一切，都基本是围绕着我当时所做的这首曲子进行。

记得 2009 年几家筹建店开业，丁总安排，要在开业期间能够让大家广泛听到万千百货这首曲子。

于是，我立即向各店市场部下达了播放万千标志音乐的工作指令，并下发《万千百货主题音乐 AI 使用手册》。

一时之间，这首熟悉的旋律随着万千百货开店的脚步红遍了大江南北。到后来，有从总部下去门店协助筹建的人回来，开玩笑地说："那首'万千百货，超越了期待'连续几天不停歇地播放，我们都听吐了！"

2012 年，万千百货更名为万达百货，所有印有 OK 样式的万千 logo 的物料均被收回，很多人含泪交出了这些凝聚着万千心血的东西，也有人将万千司徽进行了永久性珍藏。

而这首歌曲，则被集团一定程度上保留下来，歌词改为："万达百货，超越了期待；万达百货，Shift my life，让生活更精彩！"

到了 2015 年 10 月，万达百货的公司番号取消，并入商管公司，商场名称保留，但再也找不到当年青春飞扬的百货梦想与激情了。

后来，已离开万达的原总部企划部同事谢经理制作了一个叫

"万千记忆"的视频,发到老万千百货的微信群里,很多人看了之后,情不自禁地流下泪来。

大家都还记着当年万达集团高级副总裁李耀汉先生提出的,做万千百货的"四千精神"——要"走过千山万水,道尽千言万语,想尽千方百计,历尽千辛万苦"!还记得集团给予我们的期许:做中国第一流百货集团。

丁遥总经理解释说,本来是做中国第一百货集团,后来王董事长说口号先别搞得太大,加一个流字吧。而万千百货的十年测算之后的目标是:到2017年,万千百货要发展成为拥有130家连锁店的世界级百货企业!当然,在2015年初,万达百货就已经有一百多家了,按照最初的规划,2016年、2017年陆续还要开四十多家百货店,谁料世事变化无常,就像诺基亚的总裁所说:在这些年,我们并没有做错什么,但我们却输了。

> **小贴士**
>
> 我曾经以为一项工作好坏的标准应该是既定的、客观的,后来在万达慢慢发现,评价主体(或上级)的不同,会使你同样一件工作的好坏变得截然不同。就像该不该做万千自己的音乐曲目,该不该由总部去做统一的广告片,这里请大家自己去评判吧!

四、开业筹建

上海周浦分店是2009年第一家筹建开业的店,苏州平江分店是第二家。

这两家店是什么情况呢?

周浦是上海浦东新区的一个乡镇,即便到2014年,其户籍人口也才7.1万人。更早些时候周浦招商引资,计划引进上海著名的商业八佰伴,但是经过考察以后,八佰伴认为人口太少、消费力严重不足,于是压根不考虑在此开店。后来万达广场要来,尤其是万千百货要开,大家是担心一片,疑虑重重:这个地方能开百货?

而苏州平江更是如此,当时我们去项目考察,发现周边3公里看不到几个人,能看到的人都是在万达项目工地上施工的人员。

当然后来证明,万达广场所到之处,没有失败的案例。万达的信心浓缩成这样几句话:万达广场就是城市中心;万达广场开一座火一座。后来因为沈阳售楼处失火烧死了人,所以改为:万达广场开一座旺一座。

但百货不是。百货其实是高度注重商圈、位置、品牌成熟度、规划合理性、消费习惯培养等因素的,并且百货多少年养成了一个习惯,就是需要慢慢培养消费者。

李耀汉高级副总裁就曾谆谆告诫过我们:做百货要有耐心,各地总经理们能挑一千要挑八百,不要挑一千二,这样才不至于经营动作变形,记住百货是时间的函数。

而万达广场的模式就是只要开必须火,不需要培养。

比如在万达的餐饮,走到哪人气旺到哪。

万达影城,开到哪都代表当地最好的设备设施和观影体验,只要一开,不但人气足,而且还遥遥领先于当地其他影城的票房。

甚至是万达的酒店,硬件上首先是领先,然后又是喜来登、洲际、艾美等国际著名管理公司来管理，所以也能在当地引领风潮，当然后来王董事长决心做自己的酒店管理品牌，于是瑞华、文华、万华的成立，也是赢得了市场和口碑的。

偏偏百货没有。

但当时，集团和万千百货对自己的认识，一是可以满足万达广场快速拓展的需要，二是董事长对百货的发展规划和丁遥团队带领的初期业绩还比较满意，基本认为百货成为国内第一、世界一流只是时间问题。

丁遥总经理对上海、苏州万千百货的开业十分重视，前期企划部与市场部就多次对当地市场进行了专业、细致的市场调研，包括城市商圈竞争状况、城市标杆百货研究、顾客消费偏好、顾客价格接受程度等内容。

这里要说的是，企划部与市场部同属于万千百货总部不同的部门，前者偏于营销、促销、美陈、广宣等，后者偏于调研、筹建、定位规划等内容。当然，前期的调研基本上是与当时最好的调查咨询公司——AC尼尔森合作的，在万达总部，很多部门的主要业务并非是自己来创作，而是有合作公司做的，其他比如企划部的美陈设计不是美陈经理做，公关推广方案不是公关经理做，全是由外部公司合作，而分管的副总经理、经理们的主要职责就是用好这些公司。

企划部的负责人自然是黄总，而市场部的负责人则是刚刚从发展部调任提拔的乐总。有时谈起这两个部门的工作界面来，黄总说："你们这几个经理要给我争气，不要最后死都不知道怎么死的。"

我跟美陈的谢经理面面相觑，觉得还好吧，无论美陈还是市场策划，我们都不认为自己会输给任何人。

上海周浦、苏州平江分店开业在即，丁遥总经理主持召开过几次开业活动方案的会议，企划部的黄总、周浦店的沈总、苏州店的周总等人参加，我没有资格参加。

后来听说丁总对这两个店的方案很不满意，要求重新来做，务必确保既要体现万千百货的定位特点，又要确保促销活动能够支撑业绩爆发，更重要的是，要求总部企划部由此拿出一套标准化的开业营销活动手册来。

丁总要求从门店抽调几个得力的市场经理，与总部企划部一起到苏州现场办公，整出一套好的开业方案及标准手册来，并要求由分管的赵总挂帅，企划部黄总负责，务必办好此事。

黄总说："文涛你来具体执行此事。"并分别从青岛店、洛阳店、西安店、南京店、重庆店等店调来市场部经理张强、肖绍冬、任新强、魏振海、钟春临，一起前往苏州！

其中，洛阳店的肖经理刚面试通过，还未上岗即被调往苏州，再加上苏州店的市场经理朱建岗，后又加上了南京店的企划主管张玉琴、苏州店的市场主管柴华作为会议记录和整理，我们共同开启了为期半个多月的集体开业筹建生活！

当时我心有疑虑，黄总让我负责，我要统筹和管理这些经理的工作，但我毕竟也只是一个经理，大家是平级，并且真正的百货资历我只有不到三年时间，不如其中的多数人，恐怕难以服众。

黄总看得出我的担忧，说："我会帮你去站一下台，并布置好相关的工作，剩下的事就由你来跟进了，怎么管好这些市场老油子，这对你是一个机会，也是一个考验。"

我跟张强原来在青岛就认识，所以交流得更好一些，其他人我们基本上是第一次见面，寒暄过后就是真刀实枪的工作了。

七个经理、两个主管一共九个人，怎么开展工作呢？

大家建议，要不我们各自分一块，写好后再交上来，由总部刘经理（就是本人）再汇总整理一下就差不多了。

我想了想，这不都成了我的工作了，不行。

于是我就学着黄总分析问题的口吻说："大家这个意见，好处就是都能发挥各自的作用，每个人都有事做；但坏处就是我们因为来自不同的商业系统，各自的工作逻辑和活动方案的写法肯定是各不相同的，大家写完即便汇总上来也很难形成开业营销的标准化手册；另外，大家回去各自写方案也不能进行头脑风暴、无法产生火花碰撞，就失去了领导召集我们在一起工作的意义。"

各位经理都没人说话，两个主管也抬头看着我。我想这事做不好，最大的责任肯定在我，索性我就强势一把："朱建岗你找个我们能用的会议室，大家每天就共同在此开会、工作，柴华和张玉琴你们负责记录我们现场办公的成果。"

张强首先表态说好，重庆的钟春临环顾看了一下大家，也说同意。这样就定下来集体开会、共同办公的模式。

我又对柴华和张玉琴说："你们在会上也可以发表意见，同时不要小看记录的工作，这个本身就是归纳、整理和提炼能力的表现，你们谁做得好，最后成果就用谁的。"

两个人倒是很积极，毕竟是主管，他们也想在我及全国各店的市场经理们面前有所表现。

会上，我先说了一下宗旨："这次的任务一是要基于苏州店的实际情况，切实策划出能够引爆市场的开业落地方案，同时还要在此基础上形成标准化的万千百货开业营销手册，也就是说其他各店将来的开业方案按照这个手册来执行即可，所以，我们分两步走，先来讨论一下完整的开业方案应该包括哪些部分。"

讨论开始后，大家的发言不是很踊跃。即便个别人发言，也是比较没有边界的，贡献度也不大。我意识到这个问题，于是收窄讨论范围，并且直接给出活动框架来。

一是按照时间节奏划分，需要三个阶段——开业前推广、试营业、正式开业，每个阶段的任务、时间节点切割及构成板块需要确定；

二是开业活动需要包括：开业主题要有万千百货统一的标准、SP 促销活动的构成、PR 活动的构成、宣传推广的构成、店内美陈、VIP 活动构成等，甚至 DM 的板块构成等，都是我们需要一一明确的。

于是，讨论进入正轨。一开始大家发言不是很踊跃，我就采用点名的方式，比如我发现重庆店的钟春临很有思路，但他总是愿意先听别人说，自己轻易不发表意见，我就直接点他的名，让他来说。

这套办法实行伊始，大家不大适应，甚至抵触，过了几天以后，一切顺利起来。

这里要特别说的是万千百货的开业主题，我们想了许多方案，有文化味浓的，有时尚格调的，甚至有像万达集团商业地产开业那样有震撼力的，大家都觉得不够到位。

因为一是要有全国标准的统一性，二是有百货的时尚特色，三是还能体现各个门店不同的地方风情。

后来西安店任新强说他们西安店开业的时候主题用了"绽放"这个词，当时领导们觉得还不错。于是我们就往这上面靠，最终形成主副标题共同存在的决定，主标题是"时尚万千，精彩绽放——万千百货开业盛典"，副标题用五个字来标注地方特色，比如苏州店的开业主题就是：时尚万千，精彩绽放——万千百货开业盛典之【欢享悦姑苏】。

而开业前推广及试营业的统一主题就是：万千精彩，即将绽放。

就像一下子找到了标准化的感觉一样，我们用了不到一周的时间，就把苏州的开业方案和全国门店开业的标准化手册给搞出来了。

张强他们说，作业做完了，门店总经理急着让他们回去，还有工作等着他们呢。于是我给黄总打电话，黄总飞抵苏州，看完我们的方案表示满意，说："我约丁总的时间，我们汇报完以后你们就可以回去了。"

于是乎，一个炎热的下午，丁总率领招商部总经理方强、企划部总经理黄礼明、苏州店总经理周诞以及苏州店核心经营管理层对我们的开业方案进行三堂会审。

汇报会由黄总主持，由我主讲，其余几位经理补充。我当时是信心百倍，有些口若悬河的意思。大家也都纷纷发表意见，有的说返券形式要控制好毛利，有的说赠礼设置要有吸引力，方总、周总等更关心的还是基于开业活动的独家品牌洽谈。

最后丁总总结了一下，他指出：一是苏州店地处偏僻，如何积聚人气是核心，二是大家也普遍反映方案缺乏新颖的亮点，虽然每个环节都有考虑，但不够令人兴奋，建议还是在这个方面再完善。

我自己也意识到了，原来的方案太过于手册化、标准化，针对苏州店的聚客策划及创意亮点营销考虑得不够。我们只好继续留在苏州，继续讨论研究亮点。

有一天晚上我们出去打牙祭，吃水煮鱼，越吃越好吃，就连续加要，最后当天晚上大约每人吃了两斤鱼，回来之后大家居然思如泉涌，在创意亮点上，我们提出购物秒杀抽汽车大奖的方案，后来苏州店觉得不易实施，于是最终确定了"礼品集市"及"品牌时尚发布会"的亮点方案，并且将每个标杆品牌的活动一一确定，形成标准化手册。

终于，开业方案及标准化手册基本被领导认可了！

鉴于当年要开7家店，丁总认为礼品集市概念可以通过总部集采来实现，当时黄总的想法是总部出标准，具体采购由门店自行采购。

在总部一次会议上，黄总跟丁总提到这个意思，并且说礼品本身对于促销来讲，并不是最重要的。

丁总可能觉得企划部执行力有些问题，于是勃然大怒，说："你们最大的问题就是让你去行军打仗，你转了一圈回来说这个任务不能执行？！"

赵总分管企划，于是跟丁总说："这个事我下去安排吧。"

丁总稍稍平息了怒气，又讲道："你们压根就没有研究顾客的消费心理，男性顾客可能对直接折扣敏感，女性顾客可能对购物赠礼更有兴趣！"

最后，形成总部统一采购门店开业礼品决议，由总部企划部负责。

于是，带着首批10万元预算，冒着夏季酷热的天气，我又奔赴了义乌去采购礼品。最终拿回清单向丁总汇报，包括卡通手电、电子秤、玩偶、拉杆箱等，分别根据购物满500元、800元、1500元、3000元及5000元进行分档设计，丁总听完汇报后说，你们拿出活动标准和赠礼逻辑，具体是要拉杆箱还是电子秤，就由门店自己根据实际需要来定吧。

黄总看了我一眼，脸上露出不易觉察的胜利的微笑。

过程曲折，但开业结果却是非常出人意料。

先是苏州店开业,人气火爆,销售完成率达到300%。

后来周浦店开业,这个当年八佰伴放弃开店的乡镇上的百货,居然单日销售达到六百多万,创造了新的纪录。

就是从这一年的夏季开始,不仅是开业店创造佳绩,已开的店如北京石景山店也创造了年中庆一千多万的单日销售纪录,万达的百货终于走向全国瞩目的舞台,而这一年后来被李耀汉高级副总裁称为"走出地平线"的一年。

而我的最大收获就是,在10月份迎来了自己在万达集团的一次职场飞跃,同时也收获了各店市场部兄弟姐妹们的支持与友谊。

> **小贴士**
>
> 总部层面的营销工作要做得出色,重点是两个方面:一是业务规范及标准化,这其实属于营销管理范畴;二是不能用标准及规范扼杀营销个性和活动创意,要找到绝佳策划的创意突破点。这两点或相矛盾,但又是统一的,不能割裂开来。其实,神经质的人格分裂特性更适合做这样的工作。呵呵。

第三章　获得提拔

一、部门要合并

时间到了 2009 年的秋天，这是北京最令人心潮澎湃的季节。

这个时候的万千百货总部，已经有了翻天覆地的变化。

首先是人员及架构的变化，总部人员已经从 40 人增加到了一百多人，并且这个数字还会增长，最终编制应该是 200 人；其次各个部门的职能也越来越强大，像招商部，已经细分到了男装、女装、化妆品、珠宝、精品、皮具等多个类别，并且每个类别都是一个副总经理在负责，其他部门也一样。

即便如此，很多人对于万达每年要开出这么多百货还是心生疑问，比如就有外面合作公司的懂百货的朋友问我："你们每年开这么多店，先不说别的，就光人力资源你就很难解决。"

比如一年要开 10 家店，先不说总部如何管理，仅每家门店就需要一个总经理、一个业务副总经理、一个后勤副总经理，后来还有一个财务副总经理，然后是招商部、营运部、市场部、客服部、工程部、物管部、人事部、行政部、财务部等部门建制，都需要部门经理和相应主管，而这些数字每年要乘以 10！

而当时社会上百货商场经理人的培养，不说总经办层级的，就单单是部门经理，很多都是 5 到 10 年的时间，更有一些人做了十多年才混上个经理,这种师傅到徒弟、论资排辈且受教育程度低高级人才不足的状况,就是整个中国百货业几十年的从业现状!

那万千百货的快速发展怎么解决?

其实万达商管(即万达广场的运营管理者)也面临同样的问题!并且当时万达商管招人更难,很多是百货面试剩下的商管再面试一下看是否适合到广场工作。

当时丁遥总经理借鉴苏宁电器快速发展的经验,提出了面向大学毕业生招聘及培养的"新动力计划",准备3年内招聘2200名应届大学毕业生,并且进行轮岗培训,以此解决万千百货快速发展的人才难题。

于是,总部企划部与人力资源部联合中华英才网共同启动了"新动力计划",我参与了此项事务的宣传工作,并出具了一份专业推广报告。

新动力计划招聘的人员中,后来很多人都成为了主管、经理,还有几个在短短三年内从一个职场小白变身为副总经理。

其中比较著名的一个是来自中国海洋大学的迟远达,算是我老乡,原来营运部助理,经过几次轮岗,一步步提升至总部招商部副总经理,现在是山水文园集团总裁助理级别;还有一个是许可,也是从部门助理开始,一步步提升至筹建部副总经理,并被丁总带到身边,后跟随丁总跳槽至东方园林、立天唐人商业集团,担任总经理级别的职务。

万达的节奏是非常快的,这近一年的时间,我感到了翻天覆地的变化。但有一次黄总召集我们开会,很严肃地指出:"你们不要骄傲。"他专门盯着我跟谢经理说:"你们两个觉得比其他的经理更有能力吗?"

我们两个面面相觑，这是怎么说的呢？黄总又说："李总（即总部分管人事、行政等部门的副总）说了，咱们企划部是今年进步最慢的部门！"

我跟谢经理表示惊讶，说："我们做了不少的工作啊，总经办也表扬过我们的！"黄总不置可否。会后，我偷偷过去问黄总，说："李总真的认为我们是进步最慢的部门吗？"

黄总笑了笑，说："你想想，他这是针对谁呢？我跟老丁（即丁总）的关系你也知道，他对我还是满意的！"

不过我一直在想，一个总部的经理应该怎么体现自己的价值呢？我盘点着我留在总部后做过的一系列事情：

先是全面梳理和制定了万千百货市场营销管理制度和业务标准，又拟定了11种市场类合作的协议标准，还主导了万千百货的广告片、宣传片及后来的AI系统的制作，接着又主导策划并编制了万千百货开业营销活动手册，还有其他的例行工作如基于新动力计划的全面宣传推广、四家已开店的年中庆促销活动策划，等等；

谢经理那边也是做了不少美陈管理和规范的工作，并且已经着手与外部公司合作，根据四季及圣诞、春节等节日制定美陈方案，切切实实地管理起各店的美陈视觉工作；

而另外一块，由其他人负责的万千百货网站、万千月刊等也都慢慢做了起来。

还有哪些做得不够好呢？或者是如果再提升的话，这个部门应该从那个方面突破呢？我百思不得其解。

后来与一个招商部的同事聊天，他说起来企划部的工作相对好做，我表示反对，告诉他我们每天要处理的事情非常多也很复杂。

他笑笑说："你们再怎么样，也是别人求你们，而我们招商，现在是我们求着别人。"好像是这么回事。无论广告片、宣传片，还是月刊、网站，还是美陈方案，其实都有专门的外部合作公司做的，而他们对我们确实是毕恭毕敬的，这就是甲方的感觉。后来有其他部门的同事半开玩笑地说："你们部门今年做了这么多东西，一定油水不少吧？"

我很坦白地告诉他，根本没有啊！这些人通常都神秘兮兮地笑笑，摇摇头说谁信呢！

我刚入职学习万达企业文化时，就被告知万达对于腐败是零容忍，集团审计部级别高、权力大，每年都查处一批所谓大案要案。

记得2008年年底开过一次反腐败会议，集团丁本锡总裁主持，王健林董事长参加，由审计部高茜总经理通报查处的腐败案例，其中就有来自青岛的项目公司副总经理和工程经理，因为工程回扣被开除，并且视情况交送司法机关。记得王董事长讲话说："这个工程副总因为贪污区区几百万，不但年底奖金拿不到，而且我们直接开除，成为他自己职业生涯的污点，可能将来连工作都找不到，哪个单位会要这样的一个人呢？所以说这叫得不偿失！"

后来每年万达集团总部都召开反腐败会议，我当时在总部每年也都参加，基本上王健林、丁本锡、高茜等人都会参加，不过我感到遗憾的是，通报处理的腐败人员一年比一年多，级别也越来越高。到后来我第二次在万达的时候，也即2015年，丁本锡总裁又主持了反腐败会，这次会上不但通报并开除了多名高管腐败，还对其中多名高管移交司法机关处理，并且公开在集团网站公布，除了万达商管的几名总经理之外，万达百货也成了重灾区，工程物管部及成本部的总经理、副总经理、主任工程师等多名高管被通报并直接开除！

记得当时黄总给我讲过，说："你知道万达的一个项目公司总经理，在任期间从拿地到开盘完成销售，个别人的身价会达到多少吗？"我摇摇头表示这太神秘，他们的工资加奖金有几百万，远高于万达的商业系统，至于能贪多少，我当时并不知晓。黄总伸出一个手指头，我问是一千万吗？他眼神中充满对我的不屑，轻轻说了一句："最高的人有可能接近一亿！"当然这也只是传言，黄总加了一句。

我的天哪！那就财务自由了啊！我的嘴巴当时张得一定比脸大。

我回去跟我老婆讲了万达的这些事。我老婆居然表现得不食人间烟火，她告诫我不要贪："你要在万达踏踏实实做，争取一步步走上去！"

我将此话转述给青岛的朋友，他说："想不到你老婆是一个如此不同凡响的奇女子！"

后来我跟黄总说："我一定协助您把企划部做好，让领导真正认可咱们部门。"

黄总说："你呢，学习能力和业务能力还是比较强的，丁总也说过你做会议纪要做得不错。"

我等着他的"但是"，果然，黄总接着说："但是，你的管理和沟通能力大家觉得还是欠缺的，有时候做事不够果断，自己做决策的经验比较少，如果有个好的领导照顾下，你会发挥得很好，但如果你跟领导不对脾气的话，估计你就很难有用武之地了。"

我吃了一惊，回想起从巴黎春天到万达总部，一步步走来，短短两年一步步获得提升，基本上是因为遇到了能够赏识我的领导，因此我才发挥出自己的能力来。

如果是领导换了呢？换了之后的领导如果压根就不喜欢我这种类型的呢？我还会保持心态平和地去做好工作吗？我自己也不知道。

黄总看出我的狐疑，说："别多想，给你一个机会，丁总他们要去广州，本来企划部是由我去的，我正好有事去不了，就推荐你去了，你好好准备一下吧。"

说真的，虽然在总部，但由于自己级别的原因，跟丁总直接工作接触的机会是很少的，这次去广州，我了解到是集团十分重视广州的商业项目，十多年前王健林董事长有过一次进军广州的经历，但并没有取得预期的效果，有点折戟沉沙灰溜溜返回的味道。

所以这次在广州白云机场附近拿地之后，集团内部下决心是一定要做出亮点来的。用王健林的话说，是让广东佬也看看，现在做商业行的，还是北方的万达。

到了广州，才发现丁总带领各个部门的负责人都到了现场。

我们先是看项目，在一片空地上要短短12个月开出体量56万平方米的商业综合体，还要包括五星级酒店、电影院、万千百货这样的万达自营主力店，不仅当时绝无仅有，估计也是后难有来者。

但万达面前是没有不可能的，如果一个项目总经理跟集团说能不能晚开业几天，那么他的结果就是被拿下。

其实不仅如此，你就是乱说话也不行，当时一个业务副总经理为了提高万达广场在广州招商的影响力，接受媒体采访，说已经跟国际某奢侈品品牌达成了意向，集团知道后勃然大怒，认为这是泄露商业机密，立即撤掉该副总，并重申地方公司接受媒体采访必须经分管副总裁审核后，审批至集团企业文化部总经理。

总之，广州白云项目是集团2010年重点项目，从老板到集团各部室都在重点关注，所以做事情是一定既要快速执行，又要不出纰漏。

万千百货总部经过评估，认为广州万千可以做精品店，并迅速将总部招商部总经理方总调往广州，任广州白云万千百货总经理。

方总自己说在毫无准备的情况下，直接被叫到了广州，北京的家也没来得及收拾，也没来得及当面跟家人说明一下。

在广州某酒店召开的一次会上，丁总主持，各部门发言，分别从自己管理的业务条线去谈如何支持到广州店。

根据总部精神，人力资源部提出可以对部门人员进行高配，招商部提出协助精品招商，营运部提出发展高端VIP会员，发展部提出提前介入项目筹建，到企划部了，我当时感觉发挥不好，说了可以拍一个专门针对广州店的定位高端的宣传片。

会后，发展部钱总过来问我："听说你们黄总要离职？"

我十分震惊，但又佯作镇定，说："具体不清楚啊，他没跟我说，不过好像前期他就有这个意向。"

钱总很神秘地笑笑，说："他已经跟公司提出来了，好像公司也基本定了。"

接着，我又得到了一个更加令人震惊的消息：总部企划部要与市场部合并！

一切明了了！黄总要走，企划部下面全是经理，市场部虽然业务量不如企划部多，更多只是市场调研、筹建协助工作，但这个部门是有总经理的，而这个总经理，就是从钱总手下提拔起来的乐新乐总，当时大家都说他做事十分聪明，丁总也比较喜欢他。

如果黄总确定离开，让市场部与企划部合并成新的市场部，那么这个部门的负责人就可以是现成的。那我内心一度曾经燃起的升职火花，不就一下子熄灭了吗？

最关键的是，黄总对我还算知根知底，并且乐于使用，换成别人来领导，我的职场命运会是怎么样呢？

> **小贴士**
>
> 职场中人有时候会产生一种幻觉，那就是把平台的实力等同于自己的能力，甚至把领导的成功等同于自己的成功。换一句话来供大家思考，如果你离开这个平台，你的能力还存在吗？更或者说，如果赏识你的领导走了，你的能力还存在吗？如果你认真思考后依然有清晰的答案，不管答案是肯定的还是否定的，都说明你已经在职场中锻炼出来了！

二、万达 Feeling

说起我们企划部总经理黄总，其履历也充满了传奇色彩。

他曾经是永乐电器的区域总经理，管辖着年销售二十多亿的连锁门店，被誉为永乐集团最年轻有为的高管之一。后来因为永乐与国美合并，陈晓成为黄光裕的职业经理人，黄总便离开永乐，来到万达，任万达集团商务部副总经理。

解释一下，在还没有成立专门的商管公司之前，集团商务部实际上就承担着招商运营管理的职责，集团直属部室的级别相当于集团各个系统，像集团商务部级别就相当于后来的商管公司级别，也相当于万千百货股份公司级别，担任商务部副总经理，按照级别过来的话，黄总至少应该是万千百货分管副总经理，而不是百货一个部门的总经理。

再举一个实际例子，丁遥总经理曾经担任集团商务部总经理，而彼时黄总是商务部的副总经理；

后来成立商管公司，丁总便是商管公司总经理；

再后来因为筹建百货，王健林董事长考虑到集团内部懂商业连锁的人，似乎丁总是最合适的，于是丁总便卸任商管总经理，调任万千百货股份有限公司总经理。

而黄总则因为种种原因，差点离开万达，后来被保下来，便追随丁总，先是担任成都万千百货常务副总经理，后来任企划部副总经理，然后扶正为企划部总经理。

我曾问过黄总，为什么当时风光一时，后来却一步步降了下来？他说自己在集团内有些年少轻狂，不把集团的几位副总裁放在眼里，得罪了人。

后来听别人说，他是在一次工作汇报中给王健林董事长留下了极其不好的印象，差点被辞退。后来虽保下来了，却很难再有机会获得重用。

甚至听说有一次王健林骂人，问下面的副总裁，黄XX这个人怎么还在公司？！

可以理解，这样在万达的处境就可想而知。

虽然黄总也一直很想重新树立集团对他的良好印象，并且为此做过努力。比如我在负责做那几个广告片、宣传片时，听说这两家公司在验收合格且万达给他们付完款后，偷偷给了黄总14万多的回扣！

应该是 14 万零多少,具体记不清了。而当时的黄总并没有揣入自己的腰包,而是主动将这 14 万多上缴公司,一下子成为了集团的反腐败典型。

据说当时集团要公开进行表彰,后来却不了了之,上缴完这 14 万多后,一切又都销声匿迹了,没人再提这件事。只是内部有人开始说一些闲话,说怎么这钱还有整有零,并且上缴后集团说表彰也没表彰,这其中是不是另有玄机。

但无论如何,我对黄总的业务及敬业精神是很感佩的。我记得来总部培训的第一天,他就告诉我他自己是个工作狂,要下属能够跟得上节奏。

事实上,他的确做得不错,在各个分公司总经理及副总经理的评价中,很有一些人望。然而他可能是真的发现,在万达的瓶颈是无法突破的了,于是走人便成定局。

我猜想,如果不是万般无奈,黄总一定是想在万达做出一番事业的,在他手下近一年时间,那种万达 Feeling 是可以感受得到的。

我刚进万达那会儿,其实内心是并不认同万达集团企业文化的,整个做事做派与我曾熟悉的巴黎春天大相径庭。

比如说,巴黎春天做活动基本上是走时尚、个性化路线,就连活动主题也是"迷醉夏日"(年中庆)、"梦回巴黎"(店庆)、"今夜你是主角"(会员日)之类的文青语言,而万达则多是"耀世登场""年中大促""错过今日,再等一年"这样舍我其谁的语言,并且开业之前还要有举起拳头宣誓的誓师大会,做店庆活动有指标达成的动员大会,就跟军队和政府的做派一样。

但慢慢的,我融进来了。可能首先是自己被震撼到了。

我真的发现,北京店的开业誓师大会上,门店总经理忍不住

留下了感动、兴奋的泪水,可能他想到了筹建时的种种艰辛吧;

真的发现,在尘土飞扬的工地上,我们的同事一天就走烂一双皮鞋,很多门店同事连续一个多月每天加班到凌晨,连澡都洗不了,人都处在了崩溃的边缘;

真的发现,当王健林董事长说,我们要抓住这个时代赋予的机会,"建不世之功勋",很多人都信了。

我第一次感受到王老板的气场,是在2008年12月,刚入万达时,恰好王健林被选为中华慈善总会名誉会长,我们一起在集团总部北京万达索菲特酒店参加了这次仪式。

当时有全国政协副主席和中华慈善总会会长参加,对王健林近几年的慈善捐助表示了很高的赞赏。

那时黄光裕刚刚被抓进监狱,有同事就开玩笑讲,在中国做企业,还是要做公益、做慈善,不能只是赚钱,你看黄光裕就比不了我们董事长。

王健林的一个很著名的愿望就是,他其实最想当一个慈善家,我感觉他说得非常真诚,因为说这话时我们能看得到他眼睛里闪烁的光芒。

第二次近距离感受王健林也是2008年年底,忘了是元旦前还是春节前了。

当时万达与湖北有战略合作,在北京索菲特签订协议,当时的湖北省委书记和武汉市委书记都出席,大家现场都很高兴,签订合作后又打开香槟小小庆祝了一下。

我们这些刚入职的员工都十分感慨,连省委书记和市委书记都跑到北京万达总部来谈合作,这个民营企业确实有独到之处。

记得在我提升为百货市场部副总经理后,有一次代表整个部门参加集团半年会,地点是在青岛,我们提前被告知要为董事长献歌，百货组选的是《真心英雄》，其他系统也都选了不同的歌曲，那天晚上大家唱得很嗨，喝得也很嗨。王董事长很高兴，一桌一桌地向我们敬酒，走到我们那桌时，我感受到他平易近人的一面，他连说感谢，我伸出杯子跟他碰了一下，说着："谢谢董事长。"

从2008年入职万达留在总部，从看不惯到不适应，再到逐渐适应，到习惯万达文化，又到了以万达人、万千人为自豪，其实不到一年时间。

而我印象十分深刻的是，丁总对于招聘万千百货的员工有一句很重要的话，"万千百货的管理者内心驱动力要强，要有梦想"。

2009年的国庆节，我跟家人及岳父母都留在北京，那时正好是新中国成立60周年大庆，我们住的是四惠东地铁站上面的通惠家园，各种战机从窗外盘旋而过，岳父母看了很激动，说："这是我们国家强大了啊！"

当时恰逢《建国大业》影片上映期间，我跟老婆一起去CBD万达影城看这部片子，其中一个场景使我久久不能平静：当时几大战役完成，胜局已定，大家十分兴奋，在撤离延安前夕的一个晚上，共产党创始人们先是围桌喝酒，接着周恩来、朱德、张闻天等人跳起舞来，毛泽东则好像是少见地喝多了，侧倒在床边，眯着眼睛笑着，又仿佛是进入了梦乡，梦到了那些战火连天的岁月和失去生命的战友们。

因为联想到的是万千百货也处在创业时期，我们的愿景是打造国内第一连锁百货集团，虽然王健林董事长为低调起见，将第一改为"第一流"，但公司上下却一直坚信我们可以改写中国百货业的历史，我们也会迎来胜利的那一天，也会载歌载舞地庆祝，也会醉倒在床边，眯着眼睛笑。

究竟哪一天能迎来决战的胜利，我不得而知。但有一点确定的是，在这个过程中下车的战友们却是看不到那一天了。从这一点上，当时的我为当时的黄总感到有些惋惜。

黄总要走，部门要合并为新的市场部，如果是原市场部的乐总来领导，整个部门的管理方式及业务打法都可能变化，而我个人是被接受还是有可能被排挤出去，都是一片迷茫。

这也是我到万达第一次遇到的巨大心理挑战。如果我能再上一个台阶，升为副总经理就好了，但种种迹象表明，这个希望太渺茫了！

但不管怎样，还是要做好眼前的工作。黄总在走之前曾经安排过一次全国企划系统的季度交流会，时间是2009年国庆节后，地点是青岛。

地点是我选的，一是因为青岛万千百货开业在即，我们集体过去把脉开业策划，二是也有一点小小私心，可以回到青岛老家。

我负责这次活动，部门的谢经理协助我组织，我们也把这次活动看成是对黄总的告别演出。

初到青岛的晚上，青岛店的市场经理张强找了一家地道的海鲜大排档，叫上原来同去北京的老战友刘鹏、程雷和张宗昆，还有几个市场部的同事，我们一大帮子人喝到烂醉如泥。

第二天的会议如期举行，在八大关的一个德国式建筑的酒店，我们的企划系统交流迎来了强大的阵容：有分管招商运营及企划的赵总，有各地门店的总经理或分管副总，当然各店的市场部经理是必须参加的，最关键的是，我们还请了业内著名的商业培训老师——台湾太平洋百货的功勋经理人陈彦嘉老师为大家讲授百货企划行销课程。

这中间有个小插曲，分管我们的赵总早上没有找到开会的具体地点，给我打了电话，我因为昨天晚上喝得头晕，张强来接我，我们正一起堵在路上。

我后来意识到是犯了一个错误，赵总是总经办领导，作为负责会议的我起码应该早到他酒店等他，然后带着领导一起去会议室！这在万达是做下属的常识，而我却忽略了。心想完了，把领导也给得罪了。

后来正在准备会议室的谢经理他们告诉我，会议室没法上网，既没有有线，也没有无线，青岛公司信息部专门过来协调解决，但由于是老式建筑，也没能成功。我想这次演砸了！本想借着这次组织活动，在领导面前体现企划的专业性，殊料却倒在了非业务层面的细节中！

好在领导们都按时到达了会议室，黄总主持，议程正常进行。

第一天会议主要是陈彦嘉老师的培训，培训反映平平，看来太平洋百货的做法已经满足不了我们的胃口了。

培训结束后，赵总最后进行了总结发言，指出要把这次老师培训的策略和方法应用到马上要开业的青岛店的活动中去，能够帮助青岛店实现他们预定的单日销售过1000万目标才是关键。我们就连忙做纪录，思考着如何与青岛店开业相结合。

晚上得到通知，百货总部分管财务的另一个总经办大佬，王晓风总突然来到了青岛，并于第二天参加这次会议。分管财务的晓风总参加企划系统交流会，是万达集团历史上的第一次，而究竟总部领导们的葫芦里卖的是什么药呢？

> **小贴士**
>
> 如何真正成为万达人、万千人呢？那就是你要做到不但在工作、生活上与公司同频共振，还要真正倾注心血和情感。很多人在万达工作过不了两年，我想主要原因是没能找到同频共振的节奏吧。

三、奇妙的调整

王晓风王总出现在了第二天的会议上。

这一天的议程是两个方面，一是各店发言，分别从营销创新、PR活动有效性、异业合作策略等方面汇报各自工作，也是互相借鉴学习的过程；第二是青岛店开业营销活动研讨，最初定的是由市场部经理张强主讲，后来因总部领导级别及阵容超出计划，青岛店的张总又进行了补充汇报。

说到青岛店的开业活动，大家都很兴奋。

尤其是各店的总经理们，他们嘴上说着向青岛店取经学习，实际上也有些幸灾乐祸的成分在，因为目前万千百货开业最高纪录是上海店的600万，而青岛店的品牌及购买力明显弱于上海周浦。

所以，大家就想看看青岛的张总如何自圆其说完成单日破1000万的销售额的！事实上后来青岛店开业单日最高纪录是700万，虽未达到1000万，但也算不错，只是当初口号有些大了，当然这也是北方经理人与南方经理人的不同，南方的口头上低调,做事稳准狠,北方的口头高调,做事却略显粗疏。最关键的是,青岛店后期经营也一直没有实现明显的提升,而门店总经理连续换了八任,最终的结局是关店。这当然是后话了。

现场,晓风总没有说太多的话,却在仔细认真地听取各地公司对青岛店开业营销的讨论。由于各店的总经理们也在,所以作为下属的市场部经理发言就比较拘束,王总提议大家畅所欲言,就当头脑风暴。大家可能看出一些苗头来了,尤其是那些人精店总们,于是发言变得积极了。

我是总部企划部的,对于门店开业营销的责任重大,所以等到大家发言差不多的时候,我清了清嗓子,提出了我的看法:

首先,青岛店张总他们提出1000万的指标是鼓舞人心的,就看我们如何从营销的角度找到实现它的条件;

基于万达广场开业的经验来看,当日客流多数都在20万到30万,即使是三里无人烟的苏州平江开业,日客流也达到10万多,所以青岛店开业整个广场客流应该是可以确保的,并且商管公司会致力于确保客流量的费用投入;

那么,对百货来讲,如何提升进店率、继而提升提袋率可能是我们要考虑的重点。

发现赵总、王总以及青岛店的张总都在认真听,我就进一步阐述开来:

销售目标1000万,按照500元的客单价,一天就需要2万笔的成交,按照当日广场客流20万人次计,达到50%的进店率,还要达到20%的提袋率,所以我们的营销活动设计重点就应该在如何把进店率提升至50%,如何把进店客人的成交率提升至20%;

更重要的是,2万笔成交对于收银来讲是个巨大的压力,我们共 22 个收银台，每个收银台要承担九百多笔的成交，如果平均每笔成交 2 分钟，也就意味着 1800 分钟即 30 小时，而我们当天的营业时间最多 14 个小时，所以我们要做的可能就是把每笔成交的时间从 2 分钟缩至 1 分钟内，这就需要对收银员强化训练。

讲完后，我发现青岛店张总与市场部张强说着什么，估计是他意识到有些问题需要改善了。

会议最后是赵总讲话，赵总与王总谦让了一下，拿起话筒讲了几个意思：一是企划部这次交流会有培训有交流，也有实际问题的研讨，总体上是成功的，这种交流希望能够继续做下去，并要越做越好才行；二是企划部黄总即将要离开万达，另谋高就，同时总经办的王晓风王总将成为分管市场营销的领导，总部新的市场部将由企划部与市场部合并而成，希望大家能够在市场部新的领导带领下继续做好企划工作，也相信整个市场系统在王总的分管下会做得更出色！

晚上是青岛店张总请客吃饭。张总在接人待物方面的确非常棒，几乎所有的总部领导都喜欢他。由于后来青岛店的业绩达不到预期，丁总便将其调任至上海做区域的后勤副总经理，看起来级别没降，实际上已经很难介入到业务当中了。

那天晚上大家纷纷向晓风总和赵总敬酒，当然也少不了敬我们企划部的黄总。万达的酒文化就是这样，先是领导祝酒，接着是按部门、按公司向领导敬酒，领导也基本会逐个部门或公司回敬，然后是互敬，最后就是随心所欲的群敬，总之是一派祥和热闹的气象，最后多数人都会趴下。

我因为头一天晚上喝大了，这次很快又喝得晕头转向，依稀记得我跟谢经理分别去敬赵总和王总，赵总说："你们两个都有优点，也有不足，能力不错，如果再进一步的话，还需要提升管理素质,比如说你们组织的这次活动,还是有不少考虑不周的地方。"我们连连称是。

敬到王总,王总则勉励我们好好做。

我跟黄总也说了不少话、喝了不少酒,黄总说他向总部推荐我做市场部副总经理了,至于能不能上位,就看丁总、晓风总的态度以及我自己的造化了。

张强过来跟我碰杯,神秘地说了句:"兄弟升了以后别忘了弟兄们啊!"我连忙让他打住,说根本就是子虚乌有的事。虽然我已经彻底晕菜了,但内心隐隐提醒自己要撑住,要让领导看到自己最好的一面,当然最后的结果自然是醉倒、趴下。

第二天我跟黄总一起乘坐高铁回北京,晕晕沉沉的我们谈兴却并未消减。

黄总告诉我:"我已经向公司推荐你做市场部副总经理,负责营销策划工作,并且把你的优缺点也都跟丁总说了,我认为公司用人应该是用人之长,当然你自己也要注意弥补短板,主要是管理及沟通协调能力要提升。"

我问:"公司是什么意思呢?"

黄总摆摆手说:"你就不用过于操这个心了,丁总当时没表态,现在是晓风总来管市场了,还要看看他的意见。"

我感觉我的心一直在快速地跳动,不知道是连续喝酒的原因,还是有别的什么预感。

"你知道为什么会让晓风总来管市场部吗?"黄总突然侧过脸来问了我一句。

我说:"也奇怪啊,晓风总是管财务的,怎么会管到业务上来了呢?"

"他以前做过项目公司总经理,在成都,管业务也没问题的，"黄总悠悠地说，"要不是因为当时也有过一次失误的话，他在集团内的提升是不可限量的。"

黄总说的大概是真的，我后来了解到，最早晓风总是成都项目公司的财务经理，而他的上司是成都公司分管财务的副总经理张霖，也是"70后"，很年轻的集团高管。现在的张霖可是万达集团仅次于王健林的前几名的人物，不但是上市公司商业巨无霸——万达商业的非执行董事，而且后来也是万达另一个独角兽集团——万达文化产业集团的总裁，据说也是很有希望接班丁本锡总裁的热门人选。

晓风总在万达根基深厚，后来虽然做到万达集团总裁助理级，但并没有更加明显而快速的提升，或许是因为与他做的是集团后来食之无味弃之可惜的百货有关吧。

黄总接着说："我没想到我这次离职会给公司带来这么大动静，我走对丁总震动比较大，他把两个部门合成一个，其中市场部的乐新和刘绫都是丁总认可的人；而让晓风总来管，也算是一种领导分工的权力平衡吧。

"你呢，我跟你说过多次了，你要想继续往上走，一是要锻炼自己的职业化，你看这一点刘绫做得就比较好，虽然是女的，但是巾帼不让须眉，你别看她现在只是主管级，她会上升得非常快；二是加强横向纵向沟通，你得让领导们了解你。

"专业方面就不说了，丁总对你在这方面也是认可的，只是你需要碰到一个欣赏你、重用你的领导，你才能发挥出自己的专业才能，这其实也算你的缺点。至于这次你能不能提上来，主要是你自己心态要放平和，能上来就算你造化好，不能上来，你就要学会在不同的领导风格下工作。"

我说："谢谢黄总，感谢你这一年对我的容忍、帮助，你的新单位那边怎么样,听说待遇高很多,有机会我还跟着你去干啊。"

黄总笑骂道:"你小子知道我帮助了你就好,我主要是想回到厦门,工资也还好,是万达这边的两倍吧,而你就先在这好好干几年,你在万达还没出徒呢。"

列车以每小时 300 公里的速度奔向北京,而我们这些满怀心事的人,索性就闭上眼睛,等待着终点站的到来。

> **小贴士**
>
> 　　权力平衡是职场中的高深学问,如果你能在工作中有幸看到并看懂你的领导们运用这种游戏规则的面貌,那么恭喜你,你真的离升迁不远了。如果你看到的只是职责分内的一亩三分地,其他一概看不见、看不懂、不关心,那么也恭喜你,这说明你还只是处在一个幸福的菜鸟位置。

四、升职了

回到北京没几天,我被晓风总叫到了办公室,这是我第一次走进他的办公室,进门后他示意我关上房间门,然后坐下来。

他开门见山地说:"叫你来是通知你,公司已经决定让你做市场部副总经理,负责营销活动这一块。"

我顿觉头顶"嗡"的一声,内心一阵狂喜,连说"谢谢领导"。

晓风总说:"你要感谢你们黄总,他推荐了你,我们研究后觉得你还是不错,愿意让你试一下。"

"那我们市场部是怎么分工的呢？"我问。

晓风总告诉我："你们市场部分三块，一是营销策划，是由你来负责，你可以再物色一个企划经理帮你；二是市场研究和品牌建设，是乐新乐总来负责，他也是副总经理，刘绫也提升为经理，在乐新那一组；三是美陈设计这一块，我的意见时暂时也由你负责，因为你熟悉这一块业务，谢赉他们就归到你这儿管。"

我强作镇定地听着，力争脸上不表露出任何变化来。

最后，晓风总告诉我，因为部门目前没有总经理，我跟乐新都是直接向他汇报工作。

我不知道怎么出来的，只记得晓风总用手拍了我一下肩膀，说："一定要好好干啊。"

出了晓风总办公室，我掩住自己的表情一路走回我的工位，这时营运部新来的王金兵悄悄过来跟我说："恭喜你啊，以后市场部就是你的了。"

王金兵是从茂业集团到万达的，他在深圳茂业做了十多年，后来做到著名的华强北茂业百货副总经理，曾是赵总的下属。

他到万千百货的职务是总部营运部副总经理，却是部门负责人。

万达的任命是很有学问的，比如任命副总经理，有的就加一个后缀"主持工作"，这就表明是部门负责人、行使部门总经理的职权，而有的就没有这个后缀，比如我跟乐新后来的任命都没有后缀，这至少表明短期内我们都不会是部门总经理的候选人。

我是后来知道王金兵也住在了通惠家园，我们成了邻居，工作上和生活上都是邻居。彼时他在总部并不是很开心，因为他觉得自己发挥不出应有的能力和水平，而丁总慢慢对他负责总部营运部也不是很满意，一年以后便调他去排名倒数的洛阳店做总经理，他起初是不愿意去，觉得是被抛弃了，谁料这却成了他在万达的事业转折点，先是把洛阳店做成了排名前列的标杆，后来调到郑州店，又把郑州店做成了标杆，接着郑州开二店，他便成了郑州区域的总经理，并且管郑州、洛阳三个店，以至于丁总后来赞赏他，说："金兵就是我们百货的一员虎将啊！"

再后来百货要撤店，一百多家只剩四十多家，他这三个店因为盈利水平高全都保留，而他又成功地从百货转型商管，做了郑州万达广场总经理，这里要说的是，自2015年底百货并入商管，百货的级别就真正低于商管一个级别了，百货门店总经理基本上都是商管门店的副总经理了。

2016年的万达集团年会上，金兵用微信发给我几张照片，照片显示王健林等集团领导都在主席台上，正在听王金兵作为先进代表万达商管系统发言。我回复他说："你这是要继续提拔的节奏啊！"

我在万达虽然没有他这么幸运，但当时看起来也算充满机会。

下班回家，我告诉了老婆我即将被提升为市场部副总经理，我老婆也很兴奋，她居然一下子跳了起来，紧紧抓住我的肩膀说："这可终于熬出一个结果了，也不辜负我们都搬来北京。"

女儿从幼儿园回来听到这个消息也很高兴，并且提议出去吃饭，我们晚上带着女儿出去到世贸天阶附近的金钱豹吃大餐，以示庆祝。

自晓风总通知我升职，到公司正式发任命通知，差不多有二十多天时间，期间我老婆至少有两次问我："你的任命通知下了没有，不会又黄了吧？"

当然不会，大概是11月初的时候吧，我连同其他几个副总经理、经理的任命一起下达了，各地公司尤其是相熟的市场部经理都打过电话来祝贺。

当然在这之前，多数人都已知道我将升至市场部副总经理，像张强、刘鹏他们早就通过电话，并邀请我去青岛指导工作。

在万达，门店邀请总部人员指导工作，除非极其特殊的情况如某个品牌招商门店自己搞不定，需要总部给予装补（装修补贴费用）支持或者是帮忙洽谈，其他大多数是属于礼节上的客气，或者联络感情加强沟通的需要，并非真正希望你去店里给他们指手画脚。

门店虽不希望总部经常去指点，总部却会根据自己管控的要求频频通过电话、视频会议、出差、现场办公等方式去管理门店，而我们所谓总部管控在门店看来，更多是务虚大于务实，他们甚至有一句流传甚广的名言：珍爱生命，远离总部。

那时的我，对于总部的工作是极为珍视的，而公司对于年轻百货高管的任用、培养也是我在万达期间感觉到最为重视的。

对我来讲，成为百货高管后接受培训的印象极深。总部人力资源部每年都有外聘的培训老师甚或大咖来给我们拓阔思路和视野，在2009—2010年期间，我分别接受了财务管理培训、时间管理培训、百货运营管理培训等系统化管理课程；同时，由于我代表的是百货总部市场中的营销策划板块，在总部搞的一系列对内培训中，我也被邀请为"高管训练营"授课讲师，当时在前勤业务部门中，我代表市场部、王金兵总代表营运部，而招商部刚刚提拔上来的总经理张逊，原来也属于茂业集团，负责对各地总经理、副总经理以及总部新招聘到岗的人员进行业务讲授，后来，高管训练营成为万千百货在万达集团的培训招牌之一。

回到家中，我开始留意起电视上的一些关于财经、企业管理、领导力等方面的栏目。

比如，我开始真正关注一开始十分讨厌的《郎咸平说》，后来看郎的采访，他原来竟对历史、社会学甚至广告营销都发表见解，其中不少令人折服之处。比如说《三国》，他认为易中天教授讲得特别精彩，却显现了中国文化的一个误区，而这个误区应该是做企业、搞管理的人要格外警惕的，那就是中国人有崇尚"小概率事件"的传统。举例来说，赤壁之战，整个故事讲述孙刘联合抵抗曹操南下，选择了火攻战略，并主动展开连环计，等待时机实施火攻。这帮人忙了大半天，但如果不是东南风，就可能会烧到自己。郎认为，作为抗曹集团的管理者，并没有提前将这些因素进行细致研究并融入自己的战术变化中，而是寄希望于诸葛亮的借东风！问题是：当时没人知道诸葛亮会借东风，即使知道但假如你借不来怎么办？那岂不是整个战略都失败了吗？还有，诸葛亮的空城计，也被赞美和传颂，实际上这是整个北伐战略失误造成的，但又借助一个小概率事件"唱空城计"！假如司马懿听了之后不管不顾打进城去呢？！

我得到的启发就是，最终刘备集团失败，主要是没有建立起正确的发展战略和持续稳定的壮大机制，而是依靠了诸葛亮本人的技巧和诸多神乎其神的险棋！联系到百货发展，如果你没有良好的供应链整合，没有店内环境及服务的持续优势，没有优质顾客及会员的维护管理，只是用一次次营销、大促来拉动销售提升，最终不也就完蛋了吗？

当时对我影响较大的还有现在臭名昭著被骂得体无完肤的刘鸿燊，号称是国学应用大师，我现在也觉得当时自己 too young too naive！刘对于沟通的讲解，使我很有触动，因为我本来沟通协调能力不是优势，所以有这一方面的自我需要。他认为沟通，首先是从心出发，否则别人就不会感受到你，你太忙的结果，就是心死（心亡为忙）；还认为佛不但是教你从心出发，而且本身就教你赚钱：你看，一个人，旁边站着美元，不就是佛字吗？！

哈哈，这当然是哗众取宠之谈了，不过他的从心出发去沟通、去做事的思维，其实与后来大家纷纷学习的乔布斯倡导的追随内心是一样的。

而我慢慢找到了经营企业的一种全新的感觉，原来，一个人的内心或是野心就是企业的动机、愿景。就像王健林董事长那样，他一步步找到自己要成为的目标，也就成了万达的愿景。

万达的愿景经历过三个阶段：一是老实做人、精明做事的阶段，这是刚开始发展时要生存要赚钱，必须把事情做好的底线要求；二是共创财富、公益社会的阶段，这时候万达已经成为比较成功的地产企业，要转型，也在做商业地产，于是就号召大家一起赚钱、一起回报社会；三是国际万达、百年企业的阶段，这个就是现在万达的追求，就是要做国际化公司，要做百年老店。

有了愿景以后，接下来就是企业经营管理的几个步骤了：

1. 基于愿景形成战略；
2. 基于战略分解目标；
3. 基于目标形成业务；
4. 基于业务形成标准；
5. 基于标准形成流程；
6. 基于流程形成制度；
7. 基于制度形成考核；
8. 考核反馈再看目标完成。

这个是大工业化时代的业务管理蓝图，虽然现在不见得是适合的了，但当时忽然感受到这一壮阔画卷，心里不免波涛汹涌了好一阵。

> **小贴士**
>
> 有时候，职务其实是一层窗户纸。你没升上去的时候，虽然自己觉得什么都明白，甚至什么也都能干，但毕竟差着那么一层感觉，于是在做人做事上必然放不开手脚；而一旦升职，你忽然会觉得自己的眼界大开，甚至产生了具备更高层次能力的幻觉。这个幻觉有两面性，一面是天堂，一面是地狱。

第四章　内部变动

一、部门壮大

上一章说到了，市场部成立之初是两大条线，一条是以我、谢经理等为代表的老企划部团队，所做的工作是营销活动、视觉美陈及品牌建设三个业务板块，另一条是以乐总、刘绫经理等为代表的老市场部团队，所做的工作主要是以市场调研为主，辅之以筹建跟进等工作。

很明显，我这边的业务是最核心的，尤其是前营销活动和美陈这两块，直接对接门店并进行统筹管控；而市场调研，原本也很重要，但随着地方公司组建完整，尤其是总部发展部以钱总为首的团队，其实已经很好地将门店的筹建工作进行了统筹及标准化制定，所以很多人一眼就看出来，说乐总那边的工作有点虚。

黄总临走之前，问我是否将刘绫经理调过来做品牌推广及公关业务，我说："我没问题，不知道领导怎么想的。"谢经理则告诫我说："刘绫其实很厉害的，她过来你这边不一定掌控的了。"

刘绫是万千百货的元老，当时万达总部还未迁到北京，她入职在大连，是当初筹建百货最早的三个人之一，其中一个当然是丁遥总经理。她是江苏泰州人。刘绫人长得比较高大，相貌上似北方，但也偶有南方女孩子的温婉和精明，做事情很拼命，经常加班到很晚并且不吃晚饭，也时常看到她手捂肚子喊胃疼。

我当时在总部做企划部经理时，不时听到她电话里教导、训斥门店的客服部经理工作不到位，而她当时只是一个客服主管，不过丁总比较赏识她，加之自己又努力，这才一路从营运助理、客服主管，一直到此刻的市场部经理。并且我相信她还会有很大上升空间，黄总就曾告诉我跟谢经理："刘绫将来在万达肯定比你们俩要做得好，前途不可限量。"

一次，晓风总找到我，说："你这边的品牌与公关工作缺个能力强的人，就让刘绫来做吧，当时黄总也推荐她。"

哦，原来黄总在推荐我做市场部副总经理时，也推荐了她做公关经理。

我当时跟晓风总说："其实公关目前不是最重要的，倒也无所谓，关键是我这边要先将营销活动和美陈的管理规范搞好，因为马上要面临着多门店的市场营销工作。"当时2009年底已经有运营店马上就到11家，而2010年要新开业的门店将有14家，也就意味着在2010年我们要管理的门店至少是25家，还不算2011年筹建店的提前准备工作。

晓风总想了想，说："也行，那你就先把手头紧急的工作做好。"

我当时还是too young too naive，其实没有意识到部门内部权力均衡的问题。乐总曾是老市场部负责人，刘绫也是很能干的潜力之星，他们都是公司很信任和赏识的人，就算合并为新的市场部，我也不可能一人独揽那么多重要的业务。

果然，很快，刘绫就重新任命为市场部公关经理，并且既不属于我这边管，也不属于乐总那边管，直接向晓风总汇报工作。也就是说，原来市场部的两条线，现在已经变成了三条了，刘绫虽然是经理，其实已经基本拥有了副总经理的管理权利了。

我们这三条线各自还要招聘一些力量来补充，比如我这边就从大商集团招来了原大商百货大连门店的市场经理董佳，又从百盛集团招来了另外一名美陈设计经理张研峰，与谢经理搭档，刘绫那边招来了几个女将，后来又从北京店要过来一个做公关的主管提拔为总部经理，而乐总那边也从外部招来了一个市场经理荆治国，据说原来他们是上一个单位的同事。

这样，市场部的力量一下子壮大了，我们的业务也快速地发展。这过程中，让我感觉到有些郁闷的是，当着各个门店开会或视频会的时候，乐总总是代表市场部来发言，发言也就罢了，他还直接安排起我们的工作来。

我很奇怪，就问刘绫，是领导让乐总来负责吗？刘绫说应该没有，可能是他自告奋勇吧。

有一次，乐总召开整个部门的会议，大家都参加了。

原来的流程是各个条线的负责人把工作通报一下，看哪些是需要互相配合的。但这次乐总直接给我安排工作，说营销活动应该怎么怎么管理，我说这个我已有安排了。

他突然很不高兴，说："刘总，这不是商量，这是工作命令。"我看了刘绫一眼，她面无表情的一言不发，我手底下的各同事们也都很惊讶地望着我。我说我去问晓风总去。

晓风总听了我的表述，说："乐新的确是找过我，说要负责牵头这个部门，但我同意的是事务性工作需要有人来协调统筹，否则你们三个人各自为政也不好，但业务方面还是你们各自负责，单独向我汇报。"

我回去跟下面的谢赉、董佳等人转述了晓风总的意思，并告诉大家："我们做好自己本职的工作，我这边会直接向晓风总汇报大家的工作的。"

有一次，因为2010年要新开店的开业营销工作要切分节点，而负责筹建的是总部发展部，我于是就去找钱总，说："我们碰一下，看看我这边与发展部的筹建节点怎么对接。"

钱总看着我，迟疑了一下，然后说："你们市场部到底谁负责？"我说："营销活动和美陈这个业务板块是我来负责。"

钱总"哦"了一下，说："好吧，回头把我们的筹建表格给你。"

到了年底，2009年7家筹建店都已顺利开业，原来的老四店也都能完成各项指标，这在万千百货着实是一件值得庆贺的事。

百货总部有一个年底小聚会（不是年会），地点是在公司附近的逸栈盐府，总部人力资源部倡议各个部门准备一些节目以助兴。

乐总提议市场部集体表演一个歌舞，名字叫"NOBODY"。我们也都表示赞同。于是开始排练，在公司的会议室里，一边放着伴奏带，一边跳了起来。不少部门的人过来观摩，乐总就指挥大家怎么站、怎么跳、动作要注意什么。我当时感觉特别别扭，但考虑到正在排练中，也就没说什么，就听从指挥去执行了。

当天排练完成后，乐总又进行了安排："明天是周六，希望大家来加一下班，我们再来排练几遍，到时周日晚上的表演我们一定要出彩。"

下午快下班时，刘绫过来找我说有话说。她问我怎么看乐总这次安排大家表演节目。

我说："还好吧，市场部是需要有个节目，就是乐总有些太爱表现自己了，他是不是真把自己当部门负责人了？"

刘绫说："他现在肯定不是负责人，不过要是一直这么统筹咱们，别人就会认为他是负责人，到时领导也会这么认定的。"

我说："领导明明让我们各自管各自的业务条线，并各自向晓风总汇报工作，他怎么能这样呢？""这就是乐总的聪明之处吧。"刘绫说。

我说："不行，那明天的彩排我不参加了。"

刘绫很惊讶，说："这样不好吧。"

我说："没什么，我就是不参加了。"

她说："那你至少要跟他说一下，别弄得太不好了。"

我说："我会跟他说的。"

随后我召集了我管辖的业务团队，告诉他们，说明天的彩排我不参加了。他们表示既然领导你不参加，那我们也不参加了。

董佳表示有些担心，说："这样晓风总会不会骂我们，甚至给公司留下不好的印象。"我说："在万达有什么事都是管理者的第一责任，出了问题我负责，跟你们没关系。"谢赛也说："对对。"

于是，我就做了这样一件以前从未做过的举动，率领自己的业务团队，以不参加彩排的名义，来抵制乐总越俎代庖的安排。

我没有直接打电话给乐总，而是发了短信。很快，电话打过来，他质问我为什么这么做。

我一时也找不出合理的说辞，只是说："我就是不想参加彩排了，至于我下面的员工是否参加的情况我不知道。"

电话那头的乐总有些懵，说："刘总你对我有意见你就直接说，你这样是破坏团队建设你知道吗？"

我说："我没想破坏团队的团结，但是我觉得我们没必要去彩排这个节目。"

现在想起来，感到当时我之所以不参加彩排的一系列说辞和理由完全都不在点上，本来是正义的一方，现在却变成了无理取闹、错误百出的一方了。

无所谓了，看领导怎么处理吧。

果然，乐总到晓风总那里告了我一状。因为我的没有任何正当理由的带领自己的团队人员搞分裂，致使第二天的彩排没有正常进行，而当天晚上市场部的节目也取消。

晓风总十分严厉地批评我："你到底是怎么回事？一点团队意识都没有，怎么能当部门副总经理？你让公司怎么看你们这个部门？一盘散沙！"我于是带着一丝委屈，告诉了他近些日子来乐总的种种工作上的揽权行为。

王总听后，说："我也知道，但是你不能因为这个就破坏部门的团结，你这样，你必须向乐新道歉！"

于是，晚上的聚会，我专门找到乐总，说："不好意思，因为我的原因造成一些误会，晓风总批评我了！"

乐总面色略显尴尬，说算了算了。我那天心情忽然很开朗，不断地向领导们敬酒，向丁总、赵总敬酒，还有后来顶替李泽玮李总的王志宇王总敬酒，当然还有晓风总。

晓风总把我、乐总、刘绫拉到一起，说你们三个一起向各个部门敬酒吧。于是我们就共同开启了狂敬模式，记得敬到王志宇总面前的时候，乐总带着我们走上前去，志宇总也喝了不少，我们一边敬酒一边说："志宇总您来之前我就看到您在网上的介绍了，想不到您还是培训界的大咖啊，看到了您很多讲课的资料呢！"志宇总笑着说："都是以前的事了，不提它。"

志宇总来到万千百货是2009年下半年，当时李泽玮李总因为王健林董事长点将，让他去负责集团的庆典策划部了，按照正常级别理解是提升了，但当时听说李总并不愿意走，然而老板点将没办法，每年二十多个万达广场的开业庆典，是庆典策划部工作的重中之重，又都在老板的眼皮底下，是万不能出任何纰漏的。后来李总在这个位置上做得非常出色，又提升到集团人力资源部担任常务副总经理，不过那时已经是集团总裁助理级了。

随着万达提出招商、招聘同等重要的口号，李耀汉高级副总裁提出"两招一保三落实"的指示，王志宇总来到之后的万千百货，被称作是"走出了地平线"。

> **小贴士**
>
> 对于职场小白，专业大于技巧；对于职场老人，专业和技巧同样重要；对于提拔到一定层次的高级管理者，做人技巧要大于专业。

二、走出地平线

遥远的东方，视线所及感觉有一轮红日正在上升。起初看不到它的轮廓，只有一片云蒸霞蔚，慢慢的，红日升了上来，慢慢的，它带着红光一跃跳出了地平线。

这曾是我们梦寐以求的万千百货发展镜像。而在2009年底，李耀汉高级副总裁的"走出地平线"与"四千精神""两招一保三落实"一样，成为万千人心目中的里程碑。

我们自己写过一篇文章，叫《走出地平线，创造新辉煌，万千百货日销售突破4600万大关》，主要内容如下：

"2009年12月20日，万千百货当日总销售额突破4600万元大关，截至当晚24时，上海南汇店558万元、南京建邺店593万元、西安民乐园店645万元、北京石景山店1380万元……这一业绩刷新了万千百货单店单日销售记录，创造了万千百货整体日销售的新高。

"2009年，万千百货共开业7家店，26天连开5家店，万千百货正以百货业连锁发展的第一速度大踏步地前进。在不断刷新和创造开店速度纪录的同时，万千百货创造了令业界惊叹的销售增长率：销售额屡创新高，市场份额逐渐增大，品牌号召力日益增强，万千百货已'走出地平线'，成为中国百货业不可忽视的一支新生力量。

"'日销售4600万'的突破将鞭策和鼓舞着万千人不断开拓进取、前赴后继，向更宏伟的战略目标阔步前行。万千百货已经"走出地平线"，开启新的历程，书写更加辉煌的历史篇章。"

还有一篇描述北京店单日破纪录的文章，发表在集团网站——《北京万千百货单日销售1380万，再创万千新纪录》，其中的每一个时间点滴都是红日走出地平线的一次汹涌的跳跃：

08：58分，在喜庆的舞狮表演中北京公司拉开店庆日大幕；

09：00整，伴随着汹涌澎湃的人潮，北京公司开启店庆大门；

09：20分，喜庆的舞狮队进入卖场，为各专柜进行祈福；

09：30分，提前1小时开店的北京银河万千店内已聚集大批顾客；

11：30分，销售过100万；

14：20分，北京公司周年庆活动声势浩大，造成长达数小时车行缓慢；

15：08分，单天销售达460万，提前完成全年2亿元销售任务；

17：00整，打破半年庆记录，销售破600万；收银台排起长龙，店内人潮汹涌；

20：30分，突破千万大关，北京万千群情激昂；

21：00整，震撼大礼晚场送，手机、上网本、豪华冰箱等大礼回馈顾客；

21：40分，爱心送水车为顾客免费派送矿泉水，同时也送上万千百货的温暖祝福；

24：00整，北京公司店庆单天销售定格1380万元……

单店单日1380万，整个万千单日4600万，后来看起来根本不算什么，像2014年的百店同庆，万达百货三天销售额达到15亿，但再也没有当时的激动人心！

因为提前完成了集团的任务，丁总和百货其他班子成员准备在百货年会上好好庆贺一番，并交给了市场部一个任务，就是拍摄出反映一年来辛苦和质变的万千人的宣传片。这个任务落到了我的头上，我曾问晓风总，这个按照现在业务分工，应该是刘绫他们来做的吧。晓风总说你有做宣传片的经验，你来做吧。

我就将这次年会片命名为"走出地平线"，丁总特意发了一条王健林董事长对于百货的评价给我，让我加在片子中：万千百货对万达集团最大的贡献，不是销售额不是利润，而是支持了万达核心业务的快速发展。

整部回顾片分为"相信奇迹""心路跫音""快乐成长"三个部分。我首先在"相信奇迹"中进行煽情：

2009年的北京之春，我们似乎永难忘记那时飞舞的柳絮和温暖的阳光。就在这个春天，在第一季度召开的经营分析会上，李耀汉高级副总裁提出"两招一保三落实"，为万千百货全年的稳步发展定下基调。

上半年的春夏之交，在集团领导和有关部门指导下，万千百货历时三个月，完成了具有里程碑意义的十年测算，形成了比较明确的十年发展目标。

随后举行的上半年工作会议，万千百货抓住时机，着手调整全年目标，为实现全年业绩指标的超越写下最精彩的伏笔……

在"心路跫音"中，我用了大量的视频、照片及数据来证明我们这一年的辛苦和成就：

为提升品牌层级、优化经营定位，自年初始，在股份公司指导下的各地品牌调整便紧锣密鼓地筹备着，而从2009年2月17日至今，公司领导就不停奔忙于重庆、上海、厦门、深圳、香港等地，全面展开各大知名品牌供应商的拜访工作；

为筹备招商大会，新员工首尝通宵鏖战滋味，虽然辛苦，但看到大会高朋满座、商贾云集，却是乐在其中、无比幸福；

我们清晰地记得，为解决快速扩张的人才难题，在经济尚处低迷的时候推出2200名大学生招聘的"新动力计划"时，那一张张青春逼人而又满怀期待的双眼；

我们清晰地记得，刚刚加入万千百货的高管们，在长达30天的集中培训时，为完成论文答辩而每天加班到深夜的情景，他们说，是万千百货给了他们从未有过的经历、全新的职业信仰；

一年来，为实现经营目标，我们不辞辛劳；为保障顺利开业，我们不畏艰难。从临时办公室到工地，从开业联合策划组到开业突击队，从华灯初上到拂晓清晨，每一处时空交汇的发展瞬间，都留下了万千人执着而倔强的奋进身影！

而最终要归结到团队和人本上，这也是丁总这届领导班子所倡导的人本价值观：

在困难面前，我们彼此鼓励、相互取暖；在挑战面前，我们上下求索、自我成型；在机遇面前，我们承前启后、继往开来……

万千百货之所以能完成不可能完成的任务，创造不可能创造的奇迹，都是因为有你——每一位万千的员工，因为我们——一群愿景坚定、执着梦想、快乐工作、快乐生活的人。我们每一个人，都是万千百货快速发展的坚强力量，都是万千百货"让生活更精彩"的使命之源！

当中，我们特意描写了三类员工代表：作为百货管理人员的陈秀英，作为新动力代表的迟远达，以及作为一线员工的北京店楼层主管罗雯。

对他们三人的采访拍摄深深感染了大家，尤其是陈秀英，她最初是哈尔滨店的财务部经理，后来提拔到总部财务部做副总经理，孩子上中学，老公在外地，非常不易。

作为见证了万千第一家店开业所有过程和辛苦的陈总，对万千百货的感情是难以言表的，在采访中她数度哽咽，或许她想起来那些在灰尘中筹建哈尔滨店时的艰辛，也或许她想起来没有更多时间照顾孩子的学习。

她自己在万达的付出慢慢有了回报：从百货财务部副总经理，很快升任成本部总经理，当时她与我，还有财务部的总经理黄朔，都是王晓风总分管下的部门及牵头人（我是市场部副总经理，但从上次乐总的争权事件后，很多牵头工作由我来负责）。

然而很快，她又从成本部总经理上任财务部总经理，而原财务部黄总上调集团财务部，现在的黄总已经是上市公司万达院线的董事兼分管财务副总经理，从级别上基本达到了王晓风总的高度。

陈秀英的上升步伐还在继续，她在担任财务部总经理的同时成为集团高管，几年后再度升迁，到万达互联网公司做了分管财务的班子成员,万汇网解体后到了集团财务部,并成为集团财务共享中心总经理,一路走来,在万达的陈秀英无疑是个佼佼者。

而迟远达,作为新动力的代表,很快升任营运经理,然后调招商部任副总经理,大约2013年跟随后来的招商中心总经理张晓梅到了山水文园集团,据说也是总裁助理级。

三个人中只有一个罗雯不知后来职业之所终。

《走出地平线》的最后,打出字幕:到2017年,万千百货要发展成拥有130家连锁店的世界级百货企业。——万达集团董事长王健林

> **小贴士**
> 此刻没有什么技术层面的心得,享受整个过程就好。

三、来了新领导

晓风总分管市场部时间只有半年多。他本是财务系统,丁总安排其协助管理市场部,他是一个非常关注细节的人。

从几个方面可以看出:

一是2010年的一次月度例会,总部管理人员及各地公司总经理、部分副总都汇集到了重庆参会,而作为业务部门的市场部、营运部、招商部的负责人分别要发言总结所在系统的工作,营运部和招商部是赵总分管,而市场部是晓风总分管,关于我的发言PPT,晓风总连续听取了汇报多次,我都觉得改得差不多了,他依然可以找出其中的需调整之处,比如他认为广告投入,比如报纸、户外、短信、电台等,每项投入应该有产出衡量,具

体怎么衡量呢？就是报纸能带来多大效益、户外能带来多大效益，再聚焦一些的话就是带来的客流数量。

其实这个是很难的，你必须要门店去做针对性的调研问卷，并且还要相信他们的问卷是取样准确、真实的，第二天就要发言了，我晚上到了晓风总入住的艾美酒店，详细做明天发言的PPT最后一次修改后的汇报，晓风总突然对我其中一处无关紧要的标点错误大光其火，毫不留情面地进行了痛批，当时我带着董佳经理一起过去的，董佳出来后问我晓风总怎么这么恼火，大领导批评下属，不该当着下属的下属批评啊。我告诉他："这就是万达作风，就是直截了当、不留情面，你慢慢就知道了。"

还有一件事是市场部举行2010年第一季度企划系统交流会，是由我组织主持的，晓风总也决定参加，于是很多门店的总经理也都纷纷参加，于是这个在黄总时代创立的企划交流会空前地提高了级别和声势。

按照以前黄总的惯例，这次主要是讲一季度企划促销及美陈总结，并部署二季度的营销计划，本想再搞次培训的，后来觉得实在没有合适的师资来进行，于是作罢。

市场部是一个整体，我再怎么代表这个部门，也其实是三个业务板块的一块，我、刘绫、乐新三个人现阶段其实谁都不可能成为部门总经理，这一点必须要明确。

当然市场部虽然三块，实际上我这一块是业务核心，慢慢地，几乎我就是代表市场部来对内对外进行协调的。

比如还有一件事，就是当时丁总提出市场部要做一个营销活动案例库，将从元旦到圣诞，从开业到店庆的全年大小活动进行分类，并进行案例整理及下发，作为各店营销活动的参考。这件事当然又是我来挑头做，因为万千百货已经做了一些活动案例了,只是有一些需要更加完善,并且对门店也进行分类,于是又针对门店分类进行不同的活动匹配,我就建议召集各店市场部精英(主要是经理们)一起,共同整理出万千百货的案例库。

晓风总同意了,于是我将主战场放到了沈阳,因为沈阳北一路店是万千百货2010年开业的第一家店,我们借助做沈阳的开业方案,顺便集思广益整理年度营销案例库。当时我召集的经理有青岛店张强、北京店孙萱、西安店任新强、苏州店朱建刚、上海店王嘉琦等,加上沈阳店的市场部全体一起,大家照例是开会讨论,但与上次在苏州店的集体作业不同的是,我不再亲自具体参与其中了,而是让董佳代表我与大家一起具体展开工作。

我则是分别又出差了几个地方后,再回到沈阳听取汇报。

最后晓风总也来到了沈阳听取汇报,我就带领大家认真地将开业方案及整个案例库的整理情况进行了详细的汇报。

晓风总还算满意,并进行了勉励,他说:"你们这些人都是企划系统的精兵强将,刘总(注:就是我)将大家召集起来做这样一件事,既是对万千百货的一次集中贡献,同时也可以让总部看见大家展现出的才能,我们也会有一个将来提拔大家的机会。"

晓风总说的都是真的,以他分管的财务和成本系统为例,上次说过的陈秀英,从经理连续到副总经理、总经理,而后来到成本部和财务部的几个经理,如田新峰、向丹华、张勇等人,还有青岛店的程雷,都一一提为副总经理,而其中向丹华从经理到副总经理,再到西安区域财务副总经理,又调回总部接任陈秀英做财务部总经理,其提拔之快、且又符合集团加薪升职规定的高超策略令人羡慕不已。

很快,晓风总分管市场部的时间戛然而止,万千百货成立两大中心:招商中心和营运中心。招商中心分为精品化妆品部、男装部、女装部、皮具部等，每个部门的级别与其他职能部门是一样的，负责人便是万千百货常务副总经理兼招商中心总经理赵润涛赵总。

而营运中心则包括营运部、品质管理部、市场部三个部门，营运部的负责人还是部门副总经理王金兵，品质管理部负责人是部门副总经理孔鹏，而乐新则被调离市场部，去了筹建管理部（原来的发展部），发展部的总经理钱总离开了万达，筹建部的新任总经理是曾担任过北京万千百货副总经理、后因管理不当被举报调往总部冷处理的高屹然高总，他有句名言：火车往前开，没到终点你不能掉队，别等到最后胜利了，你却死了，那么胜利与你就毫无关系了。

市场部刘绫提拔为副总经理，负责公关宣传及品牌建设部分，我则原职不动。而我们的老大，也就是新的营运中心的负责人，就是集团从银泰挖过来的银泰华中区常务副总裁，也曾多年任 SOGO 崇光百货高管的王枫总。

在欢迎会上，丁总、晓风总、王枫总以及我们市场部、品质部、营运部的副总经理以上员工参加。当时我们的第一印象是：哇，这个王枫总也太年轻了吧！经丁总介绍得知，王枫总是1976年的，天哪，仅比我大两岁，而人生境界与地位却是相差太远！当天的王枫总表现出了很好的酒品，几乎来者不拒，虽然最后看得出已经醉了，当他好歹撑住了。

记得当日的酒桌上，王枫总端起酒杯敬酒时强调说，招商不容易，招商与营运是背靠背的兄弟。我跟刘绫去敬丁总，因为痛风的关系，丁总后来喝酒很少，但是那天晚上丁总显得很高兴，他举起酒杯跟我们碰了一下，说："你们有了新领导，接下来一定要好好向王枫总学习，在王总的领导下做好工作。"

就这样，营运中心正式开张。

王枫总到来后，召集大家开会，基本上都是三个部门一起，很少有单独找某个部门来开。他是中国人民大学的本科、英国华威大学的研究生，理论水平很高。比如在一次召集大家的会议上，他提出了高度、宽度和深度的管理思维：

管理高度就是从业务的战略及策略层面来看问题，比如百货班子成员主要就是从体现管理的高度，而宽度就是指各门店及总部部门总经理所管辖的业务板块之间的横向关系和业务平衡，深度就是各个门店及总部部门副总经理乃至经理所涉及业务的专业性，是线性管理。

基于品质、市场及营运三个部门的管理，王枫总提出了以销售目标达成为中心，营运突破瓶颈、市场整合资源、品质建立标准的"一个中心、三个基本点"的营运中心业务方针。

由于营运指标为核心的原则，王金兵负责的营运部在整个营运中心中起到了统筹的作用，其中有营运组、客服组两大小组，负责人都是老万达，属于精兵强将，而新来的实习生迟远达也十分能干；我们市场部刚开始依然没有负责人，我负责营销活动及美陈，刘绫则负责公关及品牌建设，而品质管理部一开始则只有两个人，一个是部门负责的副总经理孔鹏，还有一个就是新动力实习生。

王金兵的情商比较高，很快与王枫总配合得十分默契。枫总提出来，营运要抓好两大管理，一是货品管理，一是人员管理，而这两大管理的关键则是门店专柜上的店长，店长在给商场的配货中有相当大的权力，同时在导购管理和配合商场上也是重要的沟通对象，于是提出了"店长工程"，主要目的在于调动品牌方店长的工作积极性，由王金兵负责的营运部具体拿出方案、指导门店实施。

于是很快,各个门店展开了轰轰烈烈的现场管理工作,每个门店都推出了金牌店长、优秀导购等,成为当时营运工作的一个亮点,而王金兵也赢得了枫总的信任。

我起初也有几次单独向枫总汇报工作,但感觉不像以前晓风总分管时的那种工作指令直截了当下达,枫总更多是询问式的,并且经常直指要害。

记得五一活动方案汇报,我跟王枫总说:"这个方案原来晓风总也看过了,给您看一下。"

王枫总盯着方案问了一句:"所有门店都是这个满100返100吗?"我说这是个示意,门店可以根据自己的需要选择不同的方式。

他又问:"返券是原价入机,满减能做原价入机吗?"我说满减做不了原价入机。

这里给大家解释一下,百货商场的销售有含券销售和去券销售,有时为了使得数字好看,就采取原价入机,即把券也入做销售了。

但原来万千百货的确不能在满减的情况下原价入机,如满100减50,只能入50元现金销售,而不是100元。其实我没有进一步了解,当时有门店已经可以操作满减原价入机了,甚至直接折扣也能原价入机,比如500元的衬衫打3折,实际现金销售是150元,但通过系统操作,完全可以入机销售是500元,其中150元现金,350元是券。

这时,我发现自己其实在百货经营业务上还有很多不足之处,营销工作很多也是停留在表面,很难真正深入下去。

比如还有一个例子,满100减40,同时满500返100的券,王枫总就问我，是先减后返券，还是先返券再减。我当时也是搞得不很清楚。于是我说，门店根据情况自己选择吧。其实，这句话是贻笑大方的，根据财务测算，当然是先减再返券我们更合算。

2010年的百货系统年中会，丁总交由营运中心来负责组织，王枫总便将此任务交给了营运部。在王金兵总的张罗下，现场悬挂了"四千精神""两招一保三落实"的条幅，也悬挂了"一个中心、三个基本点"的内容，李耀汉高级副总裁也应邀参加。

会议由王枫总亲自主持，面对着李总裁、丁总及百货总部所有参会人员，以及全国28家门店（已开业11家、筹建17家）百货高管，王枫总展现了极佳的逻辑思维和演讲口才。

他重申了"一个中心、三个基本点"的营运方针，同时又提到招商中心和营运中心是一个战壕里的兄弟，在营运中心不允许大家背地里说招商的同事的不好。在营采分离的商场，销售不好的时候，通常是营运埋怨招商的人招的品牌不行，而招商部则埋怨营运的人没有把招来的品牌经营好，总之是互相指责、各自推卸责任。

王枫总这个表态，反映出了极高的情商，也是向分管招商中心的赵总的一种友好表示。

而最后说到营销活动，针对当时百货频繁促销的现状，王枫总提出"三不做"的原则：不能集中力量整合好资源不做、活动准备不充分不做、销售不能达到爆发不做。

我想这个思路他一定是跟丁总沟通过，因为丁总近期也提出了不要频繁促销，要集中资源做好每一场营销，力争做一个活动火一次业绩。毫无疑问，王枫总的发言，既得到了李总裁和丁总的认可，也得到了各门店总经理们的认可。李总裁最后讲话中就说，他听了王枫总的讲话，觉得非常好，感到很放心。而很多门店的总经理事后也找我聊天，说王枫总的思路真的是非常清晰啊。

> **小贴士**
>
> 每一个管你的领导，都是你最好的近距离学习机会。对于想不断得到提升的管理者来说，缺乏管理思维比缺乏专业技能更致命。

四、营运中心时代

2010年年中，集团半年会在青岛召开，原则上要求各门店总经理和总部部门总经理参加。营运部副总经理王金兵、品质管理部副总经理孔鹏都算是部门负责人，他们理所当然得参加。而市场部我跟刘绫都是副总经理，按照以前我可以代表市场部参加，但这次王枫总的安排是我跟刘绫都参加。

上文中已经提到过，这次会上我们集体给王健林董事长献歌一曲《真心英雄》。

看到王金兵、孔鹏虽然也是副总经理，但都作为部门负责人获得了王枫总的认可，而我，原来在晓风总手下的时候也曾代表部门向门店部署工作，但现在少了一个乐总，我却并没有什么突出的表现，所以心里有点不是滋味。

而刘绫也曾告诉我，她的一些品牌建设的方案基本内容得到了丁总和王枫总的认可，但写作逻辑还是要按照枫总的指示重新改。"枫总的关注点是很细啊。"刘绫说。

金兵总有一次告诉我，说王枫总让他转告一下，让我心里别有什么别扭的想法，并希望我发挥老万达的优良作风，在营运中心好好干。

我说我估计在总部市场部也就是干到副总经理了，再往上没有希望了。金兵总安慰我，他说："你看我，干得也不顺心啊，现在也是低调做人做事，做好自己的工作就是嘛！"

我知道他说的是实话，他虽然是部门负责人，但是在总部也不可能升职为营运部总经理了。

这个大家都心知肚明。后来金兵总调往洛阳店，用丁总的话说，"金兵在总部会影响各门店对总部管理的判断"，反而让金兵总有了发挥特长的空间，一直做到现在成为万达的明星高管。

这说明，用人用其长而不是用其全面。有些人善于总结梳理，理论水平高，逻辑思维能力强大，汇报工作条理清晰，但不一定适合一线工作；有些人可能汇报事情不够条理，也没什么理论高度，但是放到合适的地方，反而能做出业绩来。我自己呢？可能更偏向属于总部机关式的管理者。但在总部已经看不到晋升的希望了，我就萌生了去门店的想法。

后来有一次找枫总，我就提到能否去门店，枫总说他会帮我留意，然后又说到丁总曾想让刘绫去淮安店做门店副总经理，但是她不去。

我很惊讶，说："淮安店是困难店，刘绫去做副总估计很难啊！再说，像她不是公司很器重的嘛，去也是做个店总啊。"

枫总笑笑说："副总经理其实更安全，总经理是背负指标的第一责任人，做不好要'下课'的啊。"

因为有了后来金兵总去洛阳一战成名的案例，其实我内心也是想到地方公司做一个总经理，好试试自己的身手，并借此在万达积累起更多的资历。

现在想来，领导们对我的看法可能恰恰与金兵总相反，他是长于一线，专于经营，而短于总部，我却长于总部，专于营销，而短于一线。所以，短时间内其实很难下去，而下去做个副总经理，我又有些不甘心。

很快，市场部来了新的负责人，叫徐朗，是王枫总在SOGO和银泰的同事，据说徐总基本上是跟着王枫总的脚步走的。但同样的是，徐总的入职职务依然是副总经理，不过却是主持工作。

在欢迎会上，徐朗总喝得趴在了桌子底下。王枫总笑着说："看到了吧，这就是为什么他只能做副总的原因。"

有天晚上，大家一起到工体一家KTV去K歌，发现营运中心里的麦霸、歌王、歌后众多，原来大家都隐藏得很深。

比如刘绫总，唱许茹芸、唱孙燕姿，甚至唱柳岩，歌中有一种新古典的味道；

比如金兵总，一曲《把根留住》唱得如痴如醉；

比如徐朗总，张国荣的粤语歌是拿手，后来发现他的微博、微信头像都是张国荣，孔鹏孔总则基本只喝酒吃东西，不唱歌。

而部门里的经理和助理们，大多都是"85后"，则唱当时最流行的王心凌、金莎等等，展现了晚上才有的年轻人的活力和身段。

我那时最喜欢唱的是电影的主题曲，如《青蛇》中的《流光飞舞》，《画皮》里的《画心》，还有老电视剧《三国演义》中的《滚滚长江东逝水》，后来跟王枫总喝酒时，酒水不小心洒到身上，他会笑着比划：滚滚长江都是水！

再后来，大家基本不记得我会唱流行歌曲了，就只有一首"滚滚长江东逝水"了，说起来，这首歌在营运中心红的程度，比起我后来的山东老乡"大衣哥"朱之文因此歌走红，还要早几年呢！

那天我们正唱着，一个身材容貌姣好的年轻女孩推门走了进来。王枫总走上前，拉起女孩的手。

我们都还有些惊疑未定，徐朗脸上却表现出了相当的淡定。王枫总拉着女孩过来，向大家介绍说："这是我爱人，叫李靓。"

哇哦！大家连忙赞叹，都说嫂子真的好年轻啊！我则脱口而出："看起来不像嫂子，像是枫总的女儿啊！"刘绫笑骂我说："你好过分啊！"王枫总笑笑，大家又开始继续嗨。

后来王枫总在富力又一城买了一套房子，当时价格好像是不到两万一平米，总价也才二百多万，据说是付全款买的。

因为枫总是人大毕业的，后来户口其实在北京，所以这次正好名正言顺地将老婆孩子都带到了北京。两个女儿也分别在北京读幼儿园和小学。

那次我们约好一起去枫总家做客，恰好是《让子弹飞》的电影正火爆上映的时候，我一进门，见孔鹏总坐在沙发上看这部电影，久石让的音乐让人心中顿生些许情愫。

大家说要炸金花，我是第一次玩这个牌。结果从此后我喜欢上了玩炸金花。

后来我经常约同事们去枫总家玩炸金花，枫总也乐于大家过来玩。

枫总家的两个女儿，老大像妈妈，比较文静，老二像爸爸，显得活泼。两个女儿都很漂亮，也可爱，像两个活宝，逗得大家很开心。

而我们玩牌通常是玩一下午，晚上枫总一家人请大家吃饭。我发现一个玩牌的秘密，如果玩牌的人总是同样一帮人，今天可能你赢，明天可能他赢，一段时间再看，大家基本差不多，都是不输不赢，而时间却在这其中消失了。

不过，听枫总告诉我，说我的牌技进步很快，主要是人非常聪明，还说李靓也这么说。我其实不认为自己聪明，因为炸金花的最高境界是诈，不是炸。

玩牌时，我经常与徐朗总斗法，他是老玩家，经常诈我，我被诈了几次后，也开始回诈，并且越演越像，多次将徐总赢得"吐血"。

后来营运中心的规模越来越大，首先是增加了中心的常务副总经理，是来自武汉中商的朱定志朱总，他算是枫总之下、但在我们所有部门之上的领导；还有营运部来了一个营运副总杜毅、客服副总曲向荣。

朱总偶尔打几把牌，不过总是虚张声势，输多赢少。

杜总和曲总则不然，两个人打得极为保守，只要牌不好，就断然不跟，宁可不赢，也要保证不输。

有一次杜总再酝酿出牌，李靓眼尖，发现杜总的手在抖，于是大家都明白了，肯定有大牌，于是大家都不跟了。哈哈，果然最后揭开牌面，是豹子！

这里需要说明的是，营运中心的玩牌属于小玩怡情，并不是赌博。在万达有一句话是：女人当男人用，男人当牲口用。发令枪一响，不管你当时在干什么，必须拼尽全力往前冲！而我们在繁重的工作之余，偶尔玩几把牌，也算是忙里偷闲的一种放松吧。

徐朗总的管理风格偏于柔性，基本上我们三个还是各自管一块业务，原来属于我的美陈板块给了徐总，而我也一直努力把原来属于我做的宣传片、广告片什么的交给刘绫总，最后枫总基于品牌及公关的业务属性，决定这些宣传品制作的事，由刘绫来管。

这其中有一个小插曲,当时万千百货要做一个广告片,大家如果还记得的话,2009年,我曾负责过一个诞生了万千音乐的广告片,一共花了45万元。而这次,按照丁总的意思,随着万千百货门店马上要到四十多个店,尤其是面临2011年近20家店要筹建开业,所以是要找一个有影响力的明星,做一版有影响力的广告片,用以扩大宣传、强化招商。

有一天周日中午,我接到了丁总的电话,这使我非常激动,因为丁总以前没有直接打电话给过我,并且百货很多高管基本上丁总也不直接安排工作。

电话中,丁总说起广告片他的一些想法,我听完后有些抱歉地说:"丁总,广告片的工作枫总已经安排刘绫总负责了,我让她给您电话。"

丁总听完说那我找她吧。随后我给刘绫去电话,她说丁总已经打电话给她了,说了广告片的事情,下周需要大家一起讨论一下。

慢慢的,市场部越来越正规,而我也更加适应了营运中心和枫总的管理风格和工作习惯。

但是,一种深深的忧虑不时袭来:虽然我是市场部负责营销活动的副总经理,下面的市场经理除了董佳,又增加了一名上海借调过来的原金鹰集团的得力助手蔡浩滢经理,使得营销这条线更加专业、强大,但基本上是无望部门一把手了;

同时,现在管的业务,去掉了美陈,去掉了宣传,比以前管的更少了;

并且,进一步来讲,市场部的整体业务和管理对我来说,已经没有新鲜感,也缺乏内心的驱动力了。

在职场上，专业能力很重要，然后是沟通更重要。沟通是什么，我的答案就是——情商。

这个王健林董事长也说过，在万达，对于高管来说，能够获得更大提拔、取得职场上巨大成功的关键就是这两个字：情商。

当然，如果专业、情商都具备的话，最重要的事情就莫过于机遇了。机遇是什么？基于就是恰好适合你的空缺，以及提拔赏识你的人出现。

举蔡浩滢的例子。

蔡浩滢是我面试的上海区域的市场部经理，因为觉得不错，我便留她到总部了，她在总部待了三个月，基本上获得了枫总及营运中心同事们的认可。我原本想长久留她在总部，作为培养的对象，奈何上海人不太愿意到外地工作，尤其是不是很适应北京的天气和环境。于是她回到上海继续做市场部经理。

熟悉万达的人知道，尤其是在百货，门店的市场部经理后来获得提升的概率非常之小，最能提升的是财务部，几乎做得住两三年的财务经理有一半获得了副总经理的升职机会，其次是人事部和招商部，一个是后勤副总，一个是前勤副总，基本上从这两个部门经理来提拔，再次是营运部，而市场部虽然一开始在店内的地位并不低，但真要衡量起提拔的人选来，市场部就不占优势了。因为招商、招聘对于快速扩展的连锁商业，是第一等重要的事，而门店多了以后设立小区域，区域的财务负责人级别就成了副总经理。

百货市场部的经理，自2007年到2015年，获得提拔的仅有三个，而其中最为成功的就是蔡浩滢。

她先是在上海做市场经理，很快因为个人的情商以及与当时上海区域总经理周诞总（大家还记得吗？就是原苏州万千百货总经理，后提拔为上海区域总经理）曾同为金鹰的同事，算是知根知底，于是兼顾负责招商。慢慢的，蔡经理就接触到了百货连锁发展的核心业务；

后来提升为周浦店的副总经理；

再后来，调任为百货宝山店的副总经理；

又因为宝山店是标杆店，业绩一直完成得不错，于是蔡总便以副总经理之名、行总经理之实管了一年；

2014 年，就是我又回到万达的那一年，她被提拔为宝山店总经理，其在万达的地位和角色已超过我。

虽然 2015 年她选择离开，但也是向上跳槽，到了百盛上海旗舰店做了总经理，其职业发展不可谓不成功。

> **小贴士**
>
> 成功的管理者，都是高情商的结果。

第五章　走进瓶颈

一、海清代言悖论

记得丁总曾组织市场部有过一次关于品牌推广的讨论。

所谓品牌推广，指的是万千百货这个商场品牌，而非百货里面的供应商品牌。

这里有个前提就是：万千百货已经走出地平线，并且马上赢来四十多家店、一百多亿销售额的规模，很快在门店数量上超过马来西亚的百盛，成为中国第一的连锁百货集团；

同时，2010年要开业17家百货店，而从2011年起每年要开二十多家店，也面临着一些招商的挑战，需要提升万千百货品牌度以助力招商开店。

这时的中国百货正经历着最复杂的时期：

一是从销售规模和单店产出来讲，进入到增长的最高峰，统计数据显示，2010—2012年百货的年复合增长率过两位数，到2012年以后增速放缓，到2016年，多数店已经是负增长了；

二是最好的增长时期，也遇到了最大的外部环境变化，如同康乾盛世恰恰是欧洲工业革命之时，百货的最疯狂时光恰恰遇上了地产疯狂及电商兴起。

然而当时大家还是对自己的工作充满信心，丁总和我们都相信无论外部发生什么变化，凭我们这些人的智慧和勇气，一定能找到解决办法、实现第一连锁百货的梦想。

讨论品牌推广，首先量化出目标，一个是知名度，一个是美誉度，还有一个是用户忠诚度。

丁总提出分两个阶段，第一阶段先以知名度和美誉度为目标。刘绫总、谢赉经理等提出由总部统一制作广告片并在主流媒体进行轰炸，以实现提升品牌、快速开店的目的。

我当时比较疑惑，就说："以百货总部进行品牌推广的，目标是可以量化，但是对于我们各地商场的实际帮助到底有多大呢？"

因为百货基本上是在当地区域才有效的，顾客喜欢不喜欢是依赖于当地商场的招商、服务的，最好是能将品牌推广工作下沉，这样效果能更加落地。

丁总沉思不语。而这时枫总也往往不说话。

最后决定先把广告片拍好，至于播放，可以在当地万达广场的大屏、可以做当地万达影院的贴片，都是可以落地的方式。

而当时万达广场花重金请黄晓明和景甜拍摄广告片，并且在中央电视台播放的做法，也给了我们启发。

景甜是万达御用的女主角，铁打的景甜，流水的男主，这个相比大家都知道，至于为什么，不是本书要关注的，所以不提了。

因为万达广场基本上选择的是城市次商圈甚至更为远郊的地方，这样一是拿地便宜，二是万达相信自己带动周边房价及消费升级的能力。

在万达有两句大家都相信的话：万达广场就是城市中心，万达广场开一座火一座（后因为沈阳售楼处火灾烧死11人，改为开一座旺一座）。

事实也的确如此，就万达百货来说，开在上海偏远的周浦镇、北京偏远的石景山，反而屡创业绩纪录，开在青岛CBD却连换近十任总经理不见起色，最终关店。当然还有济南魏家庄店，这座与我有着奇妙渊源的精致店，也没摆脱关店结局。

所以，公司将万千百货的顾客群体基本定位为新型家庭和年轻白领，多数以新型家庭为主；既然是家庭消费，决策者一般是年轻妈妈们，而当时年轻妈妈的标杆就是被称为国民媳妇的海清。

海清当时演过《双面胶》《蜗居》《媳妇的美好时代》，塑造了真实可信的中国年轻妻子符号化形象，其当红程度堪比今天的"娘娘专业户"孙俪。丁总拍板主演就定海清，也有人说是因为丁总爱人在家看电视剧，很喜欢海清，所以就定的海清，不过这个却无从得知。

有了主角，怎么编剧本、怎么去拍摄呢？后来大家将问题聚焦为：通过招标，找一个靠谱的导演团队，具体工作可以交由导演团队来做。

最后确定的是来自台湾的著名导演黎宣廷小姐。

在竞标过程中，我们得知，黎宣廷是一位善于展现女性题材的知名广告导演，生于台湾，毕业于美国纽约视觉艺术学院电影系，2001年起开始在日本与中国内地、香港地区、台湾地区执导了超过100部的广告影片。她的作品曾获法国戛纳广告奖、龙玺华文广告奖、香港十大广告奖、4A自由创意奖等多个奖项，并有多部MV作品与短片，曾获得金穗奖最佳剧情录像带作品及参选为台北电影节入围竞赛影片。"用镜头讲述生活"成为黎宣廷导演最真实的写照。而台湾百货尤其是新光三越又是行业翘楚，我们都相信台湾导演拍出来的东西会不一样。

黎导演专程从台湾带来几盒甜点，给我们每人一盒，说让我们"试试看"。我们一边试试看，一边沟通着剧本。开过了多次会议，丁总也参加了几次。

最后确定下大致故事：海清跟婆婆推着婴儿一起逛万千百货，媳妇挑东西婆婆总是给不同的意见，媳妇想买件礼物送给婆婆，婆婆却不领情，最后两人不约而同地决定给婴儿买件衣服，正在争论谁掏钱的时候，小宝宝自己却将衣服拿在了手里；中间再穿插万千百货的服务、环境、商品等元素，营造出"无论您在哪里，万千百货就是您的家"的氛围。

时间已经到了2011年初，临近春节。因为海清是主角，关系重大，丁总的意思是我们要跟海清深入沟通一次。

恰逢那天海清牙不好，带了口罩过来，走路很轻的样子。丁总带领我们一起在公司会议室跟海清见面。

海清说最近她刚做了牙齿，又忙着排练中央电视台的春节联欢晚会小品，还让她接着排元宵晚会的节目，她简直要忙疯了。丁总向她说了一下这个广告片的大致意思，海清倒是听得很认真。

我本想有问题要问一下海清，但感觉场合不适合我过多发言，于是闭嘴倾听着。

后来的拍摄还算顺利，几天工夫基本完成。最后杀青的时候，跟拍的刘绫总回来抱怨说：哎呀，海清太矫情了，在现场耍大牌呢！拍到晚上大家一起吃饭，海清提出要吃鱼，还非得给她找有鱼的餐厅，她助理的一些费用也要让我们给报销。大家听后都觉得有些矫情。

然而，当时广告片大功告成，我们大家终归是很兴奋的。万千百货有了高质量的广告片，又符合新型家庭年轻妻子的定位层次，同时还举办了一场请海清作为形象代言人的品牌发布会。

在北京石景山万达广场的铂尔曼国际大饭店的发布会上，万千百货副总经理兼营运中心总经理王枫、当红影视明星海清、台湾著名导演黎宣廷、知名时尚摄影师韦来共同面对媒体，在被问及为何选择海清成为形象代言人时，王枫总表示："之所以会选择海清，主要是她优质的形象与亲民气质，与万千百货的品牌诉求相契合，与传统意义上的百货公司不同，万千百货要成为充满人文气息、有血有肉的企业，我们也希望更多的人走进万千，万千走进您的生活。"

接下来，我们就要求各店万千百货的广告画面上，必须有海清的形象，虽然门店也有反映说海清放到百货的广告上，感觉有点土，不够时尚，我们就骂下面的市场部，说他们不会自己设计画面。至于广告片的播放，由于种种原因，四百多万拍摄出来以后，基本上没在公共媒体上露过脸，而主要是在万达广场大屏、万达院线的电影贴片，甚至在百货的收银屏上播出。

后来总部在2011年8月推出第一档万千百货专属的活动：珠宝钟表文化周。这个活动其实是丁总提议、王枫总领导组织、总部市场部与招商中心精品部共同策划、门店全面参与并高度执行的一个专题活动，并且取得了巨大的成功，周大福、六福、普柏琳、周大生等品牌作为集团层面的营销战略合作，同比销售业绩提升高达数倍以上！

然而，唯独大家对于海清为主形象的广告宣传颇有微词，认为海清的形象与万千百货的定位，以及珠宝节的精致调性并不搭。

海清的广告片没有为万千百货带来口碑效应，记得已经调往集团庆典策划部的李泽玮总曾在微博上说，为什么用海清啊，没有找到更年轻、时尚的明星了吗？！

　　这个广告片的制作成本是四百多万，比我当年做的脍炙人口的第一版广告贵出10倍！后来大家的反映是还不如第一版广告，而海清的代言也为万千百货带来"中老年百货"的口实，当然不仅是广告形象，后来还请零点调查公司做了万达百货整体调研评估，最终集团对万千百货的创始团队和丁总给出了并不有利的工作评价。

　　我后来在想这个事情，其实从品牌宣传的角度，我觉得公司有些操之过急了，当时的当务之急不是总部层面的品牌宣传，而应该是各门店做出招商、经营和服务的特色；即便是基于万千整体的品牌定位来考虑，也需要做得更为高明，但我们的确是掉进了中国式品牌推广上的一个陷阱。

　　这个陷阱其实多数企业都不能避免，并且多数做营销和品牌的专家也未必能发现这个秘密，那就是：如果你要对明确了定位的品牌或产品进行宣传推广，那么，这个广告及所表现出来的形象必须是要略高于你的定位才行。什么意思呢？

　　比如说，你商场的核心顾客定位是面向时尚、新型家庭的年轻妻子，虽然海清当时的影视形象是符合这个定位的，但你不能直接用海清来表现，因为具有同样地位的家庭型女性的生活是不能激发顾客的内心渴望的，顾客甚至会高估自己的定位，就像在职场中同样两个差不多能力的经理，另一个总觉得自己水平比对方稍稍高些。这也是柳传志先生说过的"大鸡理论"：你跟对方一样，对方会认为你不如他，你比对方强，对方可能会觉得咱俩差不多，只有你变成鸵鸟，而对方是鸡的时候，对方才真正觉得你比他强。

　　如果对这个广告片复盘一下、重新再做的话，针对时尚、新型家庭,一定要找更加年轻、更加时尚、更加潮流甚至叛逆的明星来代言,这样顾客才会向往,才会觉得:哦,这样的生活多精彩啊,原来我应该是这样生活才对。

对于市场部,品牌推广我虽然会有参与,但从责任角度是不归我管的;而营销活动却是我的职责所在。有了轰动效应的品牌推广,那也得打造一下万千百货自己的营销活动特色,这也是丁总的要求。

于是,刚刚提到的珠宝钟表文化周就应运而生了。

这个活动的确打破了原来我们做活动的流程和模板:

首先,从头脑风暴阶段,王枫总就带领我们到后海酒吧去,大家边吃喝边聊天,碰出火花来;

在策划阶段,枫总作为大咖的专业能力体现出来,他引导我们从"需求"出发,分别从爱情、友情、亲情、投资、励志五大维度进行社会热点剖析和对应商品策划,比如爱情维度我们就推对戒、对钻等,亲情维度就推祝寿摆件、长命锁等,投资就推大克拉钻,励志就是各种彩宝,并且进一步提炼出创意高度——围绕顾客体验创造惊喜、创意宽度——围绕五大维度需求展开商品落地、创意深度——挖掘珠宝钟表技术、艺术、价值的三个层面(技术、艺术、价值三个层面要求是丁总提出的);

在落地阶段,枫总带队,市场部与招商中心精品部一起前往深圳对接供应商,我们分别拜访了周大福李太等、周大生董事长周宗文等,周大福的李太明确这次活动的几个文化展和沙龙活动,中午又请我们吃饭,登高远眺对面的香港,大家顿生豪气,而周大生则全体高管参与万千百货珠宝节的讨论,非常仔细地敲定合作的细节;

在门店落实阶段,一是总部招商部跟进品牌资源落地,二是市场部统一活动美陈设计，门店也都执行得不错。

从营销的角度，这是一次成功的尝试，是总部统筹的、能够调动起营销资源且有效落地门店的大兵团作战，从效果上说，珠宝钟表品类销售占比达到了50%，并且同比提升4倍之多。

但是不得不说，因为万达的扩张，万千百货巨大的开店计划，虽然跟品牌方的总部洽谈还算良好，但我们付出了不少的成本，其中周大福的文化展，如果在其他商场做都是免费，但跟万千的这次合作，居然一个精品展就收20万、一场沙龙收十多万，而这也落下了后来被别人诟病的话柄。

万千百货发展越快速，定位和规划问题就越突出，尤其是招商上，很多传统百货的标杆品牌是无法满足这么快的发展速度的，而品牌跟不上，百货就没法标准化，没法标准化，你就很难快速跟随万达广场开店；为了满足开店，以及打造自己的经营和商品特色，不得不说，丁总时期的万千百货的确做了不少补贴供应商的工作。

百货到底要走出怎样一条路呢？丁总和我们整个百货团队其实慢慢找到了策略和方向，但后来集团等不得，管理开始收紧，却使得大家有劲使不出来，整个团队最初的激情和荣誉感也慢慢开始消失。

> **小贴士**
>
> 正确地做事重要，还是做正确的事重要？以前肯定是前者，现在的时代必然是后者——伟大的企业从来都是不断试错诞生的，尤其是正确与错误其实互相包含，在这里，最重要的是"前行"，这一点其实当年的我们做到了。

二、百货扩张之踵

有一次我们营运中心与招商中心讨论筹建店的市场定位问题，大家说到了竞争对手，招商中心常务副总张逊提到筹建店要明确竞争对手、采取差异化定位策略，其实关于定位的工具和方法营运中心比招商中心成熟，而招商规划肯定是招商中心更擅长。

丁总给赵总和王枫总的分工是：赵总负责筹建店的定位规划，王枫总负责运营店的定位调整。

王枫总擅长定位工具的使用，如用波特五力分析法，来确定门店竞争定位，用四象限分析法，也叫矩阵分析法来确定百货优势品类及策略。

而赵总则在业务经验及节点管控上十分强大。

此时的万千百货，已经被我们自己认为不但走出了地平线，而且走向了一流集团行列。

丁总在后来提出了"构建万千价值大厦"的愿景，以及"品牌、关怀、阳光"的核心价值理念。

对于当时的万达集团，企业文化应该是统一的，而旗下系有自己的独立文化，应该是不能被接受的。

明确市场定位，很重要一层意思就是刚才所说的竞争定位。那究竟谁是我们的竞争对手呢？

从总部层面，可能百盛、王府井、新世界等连锁百货集团是万千百货的竞争对手；而张逊总是一个非常务实且经验丰富的百货商业人，他认为当地门店要真正找准竞争对手，就是要对标当地的百货，从而在招商上差异化和实现突破。这个思路在正常的竞争逻辑中是正确的。

而我突然想到王枫总的波特五力分析法，那么电商呢？我提出这个问题。看到大家有些沉思，我又说，好像看到一篇报道，马云其实并没有把互联网企业作为竞争对手，而是认为其最大对手是沃尔玛。

张逊总说，这是不可能的，电商永远替代不了实体店。

王枫总沉默不语。丁总后来总结时也说道，电商目前看来是很难成为零售的主流，我们还是要将目光聚焦到我们自己身上。

他提出了做好百货的两个能力：一个是获取优质供应商的能力，一个是获取优质顾客的能力。

在此基础上，万千百货出台了两大对外服务标准：一个是供应商服务标准，一个是顾客服务标准。对内当然还有员工服务标准，这样整体上形成万千百货独有的生态服务体系。

李耀汉高级副总裁说过：百货是时间的函数。而万千百货每年的开店数量，似乎修改了这个函数；并且，在隐隐到来的商业大变局面前，万千百货的连锁发展是如何实现的呢？

首先，由于各地经济发展及商圈发展不平衡，百货很难作为一种绝对标准化的连锁店出现。

于是，就有了四大店态的归类：以奢侈品为主的精品店，比如长沙店、武汉汉街店、合肥店；以轻奢为主的精致店，比如济南店、广州白云店、南京店等；以中高端时尚品类为主的时尚店，万千百货的多数店均属于此类；以服务当地社区为主的社区店。

而我们则在这个定位基础上，提出了四个店态的营销策略：

精品店面向全省乃至全国高端成熟消费群体，突出奢侈品品牌文化和国际化生活方式演绎，注重针对高端VIP尊享的主题营销和圈子内口碑传播；

精致店面向全市中高端消费群体，突出国际时尚流行趋势与万千"品位、关怀、阳光"理念的融合，注重优势品类营销及高附加值的营销服务；

时尚店面向本市或本市3—5公里之内的时尚及新型家庭消费群体，突出流行趋势及商场购物环境的新鲜变化，注重优势品类营销及通过丰富的营销手段提供更高性价比或物超所值的购买体验；

社区店面向社区或3公里范围内的家庭型消费群体，突出品类丰富性及对家庭生活的全面满足，注重节日文化营销及具有更大价格优势的主题促销。

这是一个定位的划分和明确，但在后来的执行中，奢侈品店几乎全部夭折，而我后来去的济南店，也因为盈利问题不得不改旗易帜，变为时尚店，社区店也没有几家成型，所以归根结底，最后万千百货在大的定位上几乎只成功了一种店，就是时尚店，但当时的时尚店，其实也并没有在当地实现完全的一店一色，因此竞争力并不是很大。

基于发展的不同阶段，我们又将各地百货分为生存期、发展期、成长期、成熟期四个阶段：

生存期门店是指年销售在1.5亿元人民币以下、开业一年内的门店；

发展期门店是指年销售在1.5亿—2.5亿元人民币之间、开业两年内的门店；

成长期门店是指年销售在2.5亿—3.5亿元人民币之间、开业三年内的门店；

成熟期门店是指年销售在3.5亿元人民币以上、开业三年以上的门店。

其实，万千百货后来真正进入到成熟期且赢利的门店很少，只有北京店、成都店、哈尔滨店、西安店、上海宝山、上海周浦及福州仓山店、福州金融街店等少数门店，而这些店构成了万达百货保留下来的基础。

记得后来2014年的时候，南京店进行升级改造，花了近三千万，又引进了一些传统百货的大女装品牌，结果从财务报表上看更加雪上加霜。我针对以上四个经营阶段，分别提出了不同的营销对策，枫总确认后下发执行，但毕竟营销只是经营的辅助，短时间内的活动或许对客流、销售有帮助，长期看来则几乎是无效的。

然而，万千百货快速复制的脚步是不会停的，2009年开店数是7家，2010年开店数是15家，2011年开店数是19家，同时，截至2011年的数据显示，万千百货全国总销售以每年3倍的速度快速提升，单店业绩年平均递增70%，毛利额年平均递增90%，所以我们断定自己已经"跻身全国一流连锁百货行列"。

同时我们还断定：购物中心和百货的结合已成为中国零售业发展的主流方向，全国性连锁百货已成为中国百货业发展的主流方向；而万千百货，顺应两大潮流，正成为中国百货业连锁之路的领军者。

我们意气风发地在对外宣传的手册上这样描述万千百货发展的秘密：

万千的连锁，通过布局全国的大型购物中心实现，毫无疑问，万达广场开在哪里，万千百货就开在哪里，万达广场就是城市中心，而万千百货就是城市中心的时尚地标；

万千的连锁，通过全国性著名品牌的战略合作实现，在化妆

品、珠宝、女鞋、少女装、男装、运动、休闲等品类上，我们和70%左右的品牌形成了全国联合发展，其中超过50%品牌处于同品类的标杆地位；

其中资生堂、雅顿更是采取买货的形式，一次性签订多个百货的进驻，对于品牌来讲，当然是好事，万千拿货卖不了又不可以退，反而是促进品牌方的业绩，于是后来几千万化妆品的库存成为百货的一大负担，而资生堂、雅顿最后也慢慢撤出万千百货，只是当年雅顿的全国市场总监张晓梅女士，因为在与万达谈判时的出色表现，被李总裁和丁总所赏识，于是挖到了万千百货做起了百货副总经理兼招商中心总经理，而原来的赵总作为百货常务副总经理则只能分管一个筹建部了；

万千的连锁，通过独具特色、新颖生动的营销模式实现，全国万千百货拥有超过100万的VIP会员，分享万千精心创造的独有特惠，万千百货与万达广场联动营销，不断造就城市中心的顶级盛事，客流迅猛增长，销售持续攀升；

万千的连锁，通过全球领先的合作伙伴实现，其中IBM是我们的IT构架咨询合作伙伴，AC尼尔森是我们的市场调研与定位研究合作伙伴，Arterior是我们的内装设计与商业规划合作伙伴，戴德梁行则是奢侈品牌招商咨询合作伙伴，甚至新浪网是我们市场营销合作伙伴，迪思公关是我们的对外公关合作伙伴；

其中，IBM与万千的合作的确增长了我们不少的见识，我当年还跟着一起参观了他们在北京的中国总部，与他们的高管详细对谈，然而一百多万的咨询费并没有取得理想的流程再造效果，最后的信息化是通过集团信息中心来完成的；

最后，万千的连锁，通过全国领先的服务理念实现，万千的管理绩效分别由供应商、顾客及员工来评判，这的确是一个非常先进的经营创新，几乎近似于阿里巴巴的客户第一、员工第二、股东第三的理念，同时，万千在全国百货业首家引进六西格玛管理模式，针对供应商、顾客、员工三个方面，树立独具万千特色的高效率、精细化、标准化的管理高度。

六西格玛管理有人可能不大熟悉，是属于品质管理范畴，主要用于生产制造企业，用以衡量和降低质量偏差。

这个工作属于品质管理部，但品管部的孔鹏总并不是六西格玛的专业出身，于是便招聘了一个姓丁的总经理，孔鹏配合他工作。然而这个小丁总并不了解百货，他出差给各地总经理非常严厉地开会并部署六西格玛管理的任务，弄得不少人投诉到总部，说他瞎搞，更有甚至直接在总部总经办领导面前说这个小丁总就是太傻。结果，这哥们好像很快就离开了万达、离开了百货，而六西格玛管理最后也不了了之。

随着万千百货的扩张，总部的人员扩张也达到了峰值。

市场部的变化也来了，徐朗总被调到了合肥店任店总，部门新来了一个总经理，是从日本华堂商场挖过来的资深高管李志生。

这样，市场部在经历了一年多没有总经理的时期之后，终于迎来了名正言顺的主人。而用枫总的话说，志生年龄也在这儿（四十多岁），能够镇得住。

这也是丁总亲自面试过的人，一开始公司给予了李总很大的信任，并且据李总自己说，丁总告诫他不要着急，先将万千的事情看明白，慢慢融入其中，一年之内可以不要求出什么大的业绩，稳住局面就好。

李总还是比较沉稳的，工作也算尽职尽责，但最终的结果却是不到两年的时间被迫辞职走人。当然这是到了百货大变动的时期了，在我们看来，任何人走都是正常的，只不过李总算是丁总亲自面试，又亲自辞退的，中间隔了两年而已。

> **小贴士**
>
> 写到这一段，尽管有外部互联网环境的变化，但我依然坚信，如果当初集团给我们时间、耐心及自我调整的机会，万达百货肯定不是现在这个样子。

三、营运中心的人员变化

徐朗总在市场部做了一年多，虽然是部门负责人，但最终也没能改变副总经理的职务。

究其原因，枫总转述丁总的话，说徐朗专业可以，创意思维也不错，只是也属于专注于业务而非专注于人的干部，要做一把手，还要从专注于业务本身兼顾到专注于人身上。

这句话不难理解，我们有时候会愤愤不平于有些人感觉没什么能力，为什么还坐在领导的位子上。

而有些人专业能力和素质很强，为什么反而屈居人下呢？

其实，有些人可能业务上不精，但是情商极高，懂得人情世故，有眉眼高低，既能够理解上司的意图，也知道利用甚至是控制下属，他们的眼中不是具体的工作和业务怎么样，而是谁能干这个事、谁不能干那个事、谁可以给予放权、谁必须给予打压，等等。

这个是从专业教科书上永远学不到的，需要在职场上头破血流之后自己去悟，悟到且做到了，你就能成长，悟不到更做不到，你就有可能永远屈居人下。

徐总其实是个很聪明的人，最初丁总让他去合肥店，并没有直接给予总经理的职务，却是让他负责。

结果他后来在合肥店做得也还可以，以此来向领导证明了他自己的不断成长，并且合肥店有GUCCI，属于精品店，极次较高，在这个店做负责人，必然被集团高看一眼。

于是过来半年，徐总便名正言顺地成为合肥包河精品店的总经理。当然，他后来也是离开了万达，最终在万达并没有取得决定性的成功。

这与王金兵总是有区别的。

王金兵总到了洛阳后，属于芝麻开花——节节高。我老婆经常告诉我，说要多跟人家学学。其实，我何尝不知道他的方法呢？

他自己说是创新，其实是把传统百货的套路更加严格地去落实执行了，从而将业绩不断提升。

举例说明：当时洛阳店是困难店，并且70%的供应商是个体户，连续两个店总都不能有效改善销售、毛利过低的局面，因为只要你一提高联营扣点，供应商就会不干。

王金兵的做法一是活动扣率层层洽谈、逐个落实加点（返券加点），从而提升促销毛利，原来是楼层主管去跟供应商谈，基本上按照供应商给出的条件来执行活动扣点，但金兵总的做法是楼层主管谈完楼层经理谈、楼层经理谈完营运部经理谈，最后到副总经理，再到他这里逐一审批，对于能够承受的供应商将扣点强行加上去，并且通过有效活动组织、联合商管公司扩大宣传来提升供应商的销售，结果是双赢，供应商销售上去了，虽然万千扣得多一点，却赚得比以前更多了，万千百货更是销售、毛利双提升。

二是借助春调、秋调提升联营扣率，并且逐一跟供应商沟通，个别钉子商户则通过提供场地特卖、增加广告位等资源置换来达到目的，结果就是平均提高了3%的毛利率。

三是聚焦目标，提升团队士气，我到洛阳店巡店，看见洛阳店的企业文化墙上被印刷了丁总的名言"一切创新都是以颠覆假定条件为前提的"，以及"奋战三个月，确保超额完成指标"等内容，并且早会只谈每个楼层完成情况，而不是以前大家自选主题畅所欲言。

以至于后来丁总这样评价金兵总，说"金兵就是万达百货的一员虎将啊"。而到了2014年的时候，当时集团副总裁级的总经理沈嘉颖沈总也对他赞赏有加，一次会议后的聚餐中，单独敬了金兵总一杯酒，说他非常喜欢金兵。

言归正传，金兵走后的营运部总经理，是丁总从南京万千百货调来的夏总。

夏总文质彬彬，业务经验也很丰富，然而在万千百货的经历可谓是失败的。首先是南京店的经营业绩和招商调整没有提升，来总部虽然担任部门总经理，但也有以观后效的意思。

我跟老夏关系还可以，经常一起吃午饭，也算聊得来。然而他却迟迟不能得到领导认可。有一次枫总转述丁总的话，说夏总虽然是总经理，连刘绫都不如，连刘文涛也不如。

这是评价夏总的话，但我从其中听出了，我跟刘绫在丁总心目中的位置，是刘绫更高一点。后来夏总也离开了，因为丁总一直不看好他，他也没有做出相应业绩来，最终以被劝退收场。

从上面的对比中，我就发现，在万达生存和发展，你必须要有一股狠劲，如果没有狠劲，即便专业能力再强、业务经验再丰富，也很难有一席之地，如果你不但没有狠劲，反而是文质彬彬、和蔼可亲的类型，那么恭喜你，基本上离着被淘汰不远了。

金兵总就曾说我，还欠缺一股这样的霸气和狠劲。我自己当时不承认，我觉得自己也有坚持、也有推动工作的能力的。

后来慢慢发现，其实我在这方面的确是欠缺的，虽然在专业上有时很坚持，甚至很强硬，那这反而是不懂沟通技巧和职场情商之道的表现。

狠劲和霸气，首先是专业打底子，情商做基础，然后才能有效准确地进行杀伐决断。

而我们市场部的李总不是文质彬彬的人，当然不仅仅从他四十多岁一脸横肉、留着小平头的外表来判断，而是在业务上。

他因为来万达较晚，对很多事情尤其是流程、制度等了解不多，所以首先很难查收具体业务管控，于是基本上是听由我跟刘绫自己做主，他更多是支持并同意我们的意见。这样虽然显示出做领导的心胸格局和职业境界，但也难免别人会闲话说这个领导其实用处不大。

虽然我认为李总业务经验十分丰富，在他手下做副总经理，我们是非常舒服的，但其放权的性格的确是离开万达的主要原因。

说到他的宽容性格，有个特别好的例子：

万千百货有个高管训练营，就是所有新入职的高管都要参加一次为期一周左右的高度紧张的培训，而我恰恰是高管训练营的讲师，顺便说一下，我当时也是万达学院第一批聘任讲师。

我的课程自然是市场营销，而李总在入职几个月的时候，不得不参加了高管训练营，丁总的要求也是万千百货人事部的规定，凡是不参加培训或培训不及格的员工，不得转正。

很多人觉得很有意思，说一个部门的副总经理要给部门总经理培训市场营销，我也觉得很不好意思。但李总主动找我，告诉我不要有压力，并且会配合我做好培训同时完成作业。此次培训后，我对李总的印象大好，也更加主动地配合起他的工作来。

李总不仅有宽容、放权的管理风格，同时也不乏谨慎、细致的性格作风，而在总部比较高的管理层级上，过细过繁反而显得不能从容地提纲挈领。

比如有一次公司季度会，丁总要求市场部要面向来开会的全国各店宣讲万千百货的美陈展示标准，他就显得很紧张，前一天晚上由我跟谢赉经理跟他一起加班至凌晨三点多钟。其实宣讲的主要内容谢赉已经准备好了，无非是从美陈展示的总体原则、公共区域美陈及专柜区域美陈等三个层面讲述，我说其实很简单，首先把展示原则如故事性、艺术性、变化性等以及总体管控的节点及方法讲清楚了，然后就分别针对公共区域有哪些要点、专柜区域有哪些要点有重点地阐述就可以了，因为面对的是门店来的总经理，他们不会听得太细的。

但李总一遍一遍地排练着，发现一处略微有点卡壳，便着手修改。终于折腾到第二天快开会的时候，我们略微休息了一下，然后开会。会上李总的宣讲倒是非常流畅，但是的确是事无巨细的宣讲了，首先是超时，其次是很多细节都不是门店老总们所关心的，而应该是下面的市场经理甚至美陈主管关注才是。

于是，我们便偷偷注意到丁总双眉紧锁以及各地总经理装模作样的表情。

但后来，也就是我去济南区域后回来参加培训，这时反过来了，其中的一下午课便是李志生总给我们培训"构建万千百货营销特色"。在这堂课上，我发现李总是集合了近5年来万千百货营销的大成，是一个很完整且庞杂的营销体系培训。

首先，他讲了掌握万千营销特色的方法论：取势（行业变革）、明道（价值营销）、优术（整合资源），并且迎合了丁总提出的"构建万千价值大厦"的思想。

同时，他指出了目前万千百货营销活动的问题：

一是融入了集团针对百货所做调研的结论"促销活动不满意度居所有不满意维度之首"；二是指出"促销活动主要陷入价格战"；三是"促销天数多、促销期过长"；四是"广告宣传主要渲染价格信息，缺乏价值感"；最后是"现场特卖过多、美陈形象过于促销化"。应该说，这些问题基本涵盖了当时万千百货营销中的主要问题，那么该怎么样解决这些问题呢？

李总接着给出了答案：

一是坚定战略，即"品味、关怀、阳光"的万千价值观和"价值营销"的战略；

二是清晰定位，即门店定位、角色定位及营销工作定位；

三是明确策略，提出打造万千营销特色的概念，即提出营销是从消费者需求出发，根据营销战略和市场定位，结合市场竞争环境，采取不同市场策略，把握营销时机和市场突破点，围绕"品位、关怀、阳光"的核心价值观，整合各类资源，运用SP促销活动、PR公关活动、广告宣传、美陈、环艺、音乐等多种手段，打造时尚专家的品牌形象，以完成经营任务、实现品牌价值的系列市场行为；

最后是优化战术，即从品牌形象入手、从美陈环艺入手、从核心品类入手，等等。

以上的大致内容，其实李总是融合了我在的时候、徐朗总在的时候提出和提炼的内容，并且我相信其严密的逻辑结构一定是枫总也看过的，应该说，是比较系统地构建了万千百货营销管理体系。

但问题就出在这里了。

我看到当时万达集团副总裁兼万达学院院长陈平坐在后面听这次培训，通过他的表情感觉到了学院对李总一下午的宣讲其实并不是很满意。

一是万千价值观及"品味、关怀、阳光"这样的提法集团肯定是不能同意的，整个万达只有一种价值观、一种文化，而万千不能有独立的价值观和文化，这是大家都懂的铁律；

二是针对万千百货营销出现的问题，更多的是归结到"价值营销"偏差的问题，估计集团也不一定同意，营销在万达就是完成任务指标的手段，可以创新，但是有效才是衡量标准；

三是结合问题提出的解决办法，过于笼统和高大上，居然从战略、定位、策略等方面去梳理，一是说明这些工作还停留在表面，二是不符合万达要求的培训要直接解决具体问题的方针。

举例来说，"如何提高促销活动的成交率"，聚焦问题并结合案例找出提升的具体做法一二三，集团认为会比笼统谈战略策略要有效得多。

而所有这些，当面临预算不能达成的时候，就埋伏下来百货人员架构重新洗牌的伏笔。

这个阶段看起来很美，其实集团内部关于百货已经是暗流涌动、山雨欲来了。

四、明降暗升下门店

总部市场部几经变化，到了李志生总这里，我其实知道自己是没有机会做这个部门的总经理了。

同时，我也觉得，要想在百货这个行业做深做强，只是总部机关一个部门负责人其实并没有太多的行业资历筹码，并且总部市场部的工作对于我来说，早已没有了新鲜感和挑战性。

于是在我多次蠢蠢欲动下门店的表达意愿之后，我终于正式向公司提出申请，希望去地方公司工作。

我先是跟王枫总申请，王枫总看得出我是认真的，他指出去什么样的店很关键，一些差的店去也是个死，要考虑清楚。

我又去找分管人事的副总经理王志宇总，跟他表达了我要去门店的想法，志宇总很耐心地听完我的意愿，问我想去哪个店。我说当然能回青岛最好，回不了的话，就看领导们的安排吧。

那时的区域建制已经开始，比如北京区域、成都区域、哈尔滨区域、上海区域、河南区域等。

总之资历深的老店总陆续都做了区域总，我当然不可能奢望这个级别，能做一个店总我就很满足了。

听王枫总和志宇总的意思，我下去做店总好像问题不大。

表达完意向和申请后一段时间，依然没有实质的动静。我知道得找一下丁总了。我鼓足勇气约了丁总的时间，到他办公室去谈了下门店的想法。

他对我在总部的专业性工作还是满意的，但是他也指出，实际上我影响别人的力量还不够，管理和沟通的能力也还需要提高。

我在总部市场部的部门负责人就经历了黄黎名总、徐朗总、李志生总三任,而分管的领导也经历了赵润涛总、王晓风总和王枫总三任,其过程可谓不乏跌宕起伏,但我坚持了下来,并辅佐每一位领导夯实着市场部的工作。

丁总也提到,我在市场部他其实是很放心的。他说一个人认清楚自己适合做什么,其实不容易,王健林董事长虽然是万达集团这样一个庞大体系的掌舵人,其实他最喜欢管的还是规划院,而一些沟通、管控、协调、外联等具体工作,都是丁总裁在做。

他还提到,如果集团给丁总提升为副总裁,而不让他管百货,他觉得这可能并不是最好的选择。

这时,丁总依然只是集团总裁助理兼万千百货股份公司总经理,而同时的商管公司总经理曲德君却已经从总裁助理升到了集团副总裁,曲总是丁总在商管公司的继任者。

我对丁总的信任连说感谢,同时表示我希望能够接受挑战,去门店真正实施一下公司最新的价值观和经营策略。

丁总问我内心是否愿意去做非专业的沟通协调工作,甚至是适应总部部门或其他同事的掣肘与推阻。

我回答,如果内心目标是坚定的话,我想我一定会适应并找到沟通协调的办法。我说:"我是AB血型,其实有双重性格,可以接受更多挑战,您看我在总部市场部也并不顺利,最终我也是坚持下来了。"

丁总笑笑说:"好吧,你先回去,你的想法我知道了。"

我跟金兵总沟通去门店的事,他认为如果选一个好店,即使做好了,大家也不认为是你的功劳,所以应该选一个差一点的门店,说这样才能做出业绩,别人才会看得到,金兵正是用自己的实际案例来证明的,但是多数人并不这么认为,差店死得快,好店至少能多活一段时间。

现在的万千百货,已经不再被梦想所驱动,很多人只做领导看见的表面工作,关注客流但不关注顾客,关注业绩但不关注成长,虽然"品味、关怀、阳光"的企业理念公司总部反复要求大家践行,但是每个人都开始感觉集团的抓手越来越紧,几乎让人喘不过气来了。

北京廊坊店要开业了,我们都去观摩,因为这个店花费了几百万装了一套"虚拟试衣及时尚顾问"系统,就是根据你的身高、体型甚至肤色来推荐商品,并且可以在镜像前虚拟试衣,同时配合专业的服务人员向顾客提供一对一的时尚搭配服务。

这是丁总基于电商凶猛及实体店价值重构的一次创新尝试。王健林董事长也曾兴致勃勃地过去看了一下,并问这个有什么用,而项目介绍是丁总点将,由市场部刘绫总负责。

结果这个项目可能不尽如人意,很快就停止了。而我则被王枫总告知,要多留点心,认真地看一下廊坊店招商、运营、营销等各个方面。

原来,我是要被调往廊坊店做门店总经理了,原来的总经理因为区域总以及总部领导都不满意,很快就要被撤换掉!

我很兴奋,终于可以去到门店了!于是第一时间告诉了家人,我老婆也替我高兴,说这样至少我们不用离开北京,小金豆也不用转学,而我又可以真正去放手实现自己的想法。父母和岳父母倒是表示担心,说我没做过地方公司总经理,他们觉得还是总部稳定。

我知道,他们也都喜欢北京CBD附近的感觉了,因为我与爱人都上班,父母和岳父母每家轮流来北京半年,帮我们看孩子,周末我偶尔也会带他们去万达影城看看电影,去万达广场的沃尔玛买买东西,甚至会在晚风习习的夏夜或张灯结彩的圣诞节，带他们在周边散步。

现在想想，在万达总部的那三年，是我职场上最幸福的一段时光。然而我的选择，家人们最终还是尊重的，我也知道，那段稳定、幸福的时光结束了。

不过，事情又有了变化。

公司原本调我去廊坊店做总经理，这件事很多人都知道了，包括北京区域的金宇总，甚至我们营运中心和部门的人都要为我庆祝了。

但戏剧性的结果是：我将被调任济南区域，职务是区域前勤副总经理。从级别上，区域副总经理与门店总经理是一样的，但从我内心更希望是后者。

我去找志宇总，志宇总表达了这是丁总的最后意见，并且开导我说其实区域副总经理更妥当，一是可以发挥专业长处，二是不用像一把手那样承担那么重的责任。他还进一步说："其实在我们区域的一些总经理手下干活，有的人他会给你空间，让你觉得很舒服，像济南区域的崔永学崔总，像有些人做区域总，你在下面就会很累，很难受，你去济南也是个不错的选择。"

济南与青岛，就像北京与上海，同属于两种不同风格的城市。我从北京总部到济南区域，仿佛就是命中注定一样，我曾隐隐有过这样的感觉。以前崔总来总部，我们有过几面之缘，并且我还曾当过他们高管训练营培训的老师，但交往不是很多，没想到要成为他的搭档和手下了。

当时崔总兼管着济南店、青岛 CBD 店以及青岛李沧筹建店，但与其他区域总不同的是，他并没有正式任命，也没有相应的工资级别，因为济南当时并未被集团认定属于兼管青岛的区域建制。

以前，筹建部的高总曾跟我聊起，下面门店总经理谁的情商高,他首推济南崔永学,连说老崔情商是真高!而志宇总又说到在他手下干会很舒服,究竟会怎样我也不得而知,并且从廊坊到济南区域的变化,虽然可以兼管济南青岛三店,但因为济南并未有区域名义上的建制,所以我的任命也只能是济南店副总经理!

我又去找了丁总。丁总说他觉得做区域副总经理更适合我,并且他希望我能认真研究一下山东当地的市场情况,最好定位规划和运营工作,同时也算是回家了。

天知道济南到北京,与济南到青岛距离差不多的,后来也确证了我根本没有太多时间回去青岛。但丁总既然已经决定,我也只好赴命了。而此时的工资,若从年薪的角度,我达到了35万,从2008年年底离开巴黎春天时的年薪7万多到现在,数字上已经涨了5倍,时间跨度则是3年。

而此时一些朋友和同事知道我的新去向后,多数觉得不如去廊坊做个店总有价值,而一些同事则看到我的任命是济南店副总经理后,甚至以为我因为犯了错误,被降职了。

我也无暇向所有人去解释什么,虽然只是一个副总经理,却是真正迈向商业核心业务管理的第一步,从这个角度,我其实是感激丁总和总部领导的。

要离开北京还是有很多不舍的。家人知道我最终定的去向是济南,便开始做出回家的打算,我老婆甚至开始让我物色济南当地的幼儿园。恰恰是2011年12月份,北京的冬天有一股特殊的冷以及熟悉的气味。

有两周多的时间,我每天晚上冒着寒冷从四惠东通惠家园的家中出去散步,有时候是沿着四惠东地铁站走到高碑店那,有时候是沿着四惠地铁站走到大望路那,那时的空气与今天一样污浊,我却贪婪地呼吸着,唯恐这些熟悉的空气转瞬溜走。

原来还想往更远处走走,老婆的电话不失时机地打来,说太晚了赶紧回来。

原来,爱一个人跟爱一座城市差不多,你甚至已经痛恨或讨厌极了它的拥堵、它的污浊的空气,甚至它的市侩等等,但是等你真正要离开它的时候,却发现已经刻骨铭心了,于是就会让你产生一种还爱着它的幻象。

记得第二年我跟崔总他们一起到北京出差,恰好有一个供应商请客吃饭,吃晚饭又去唱歌,这哥们点了一首当时还不像现在这样耳熟能详到要吐的地步的歌——《北京,北京》,他一边唱,陪唱小姐一边扭着腰身乱晃,我突然就联想起在北京那三年的日子,又隐隐感觉到与北京的缘分未尽,所以手机号码一直留用了原来的北京移动号码,直到今天也是。

小贴士

丁总的那句"影响别人的能力"我一直铭记着。在职场,独善其身并不是褒义词。

第六章　万千之变

一、去济南首战告捷

去到门店，我大脑中的第一个想法就是：机会难得，一定要做出点成绩来！虽然万达的文化是一把手负责制，按说副总经理好做也不好做，好做就是重大责任不用你来背负，不好做就是功劳不是你的，是总经理的，并且要适应和配合好总经理。

但我不是这么想的，我想一去济南，就要抓住春节前的促销旺季，以迅雷不及掩耳之势掌控前勤局面、提升销售业绩。结果，我去的第一天便喝多了，还出了丑。

那是2011年12月31日，我乘坐北京到济南的高铁，一路来到了济南万千百货。

其时大家都在，包括济南店总兼分管青岛两店的崔永学崔总，济南店后勤副总经理张宗昆（熟悉前文的朋友应该知道，宗昆是与我一起入职万达的青岛哥们），济南店财务副总经理田新锋（也是当年在总部财务部的经理，被晓风总一路提拔），以及青岛店总经理夏志耘夏总，青岛店副总经理陶成晓，青岛店市场部经理张强，青岛店商品部经理孟伟，当然还有济南店我分管的四个前勤部门经理：商品部经理王娟，营运部经理李喜春，市场部经理王焕，客服部经理李媛。他们开玩笑说，我管的四个部门经理都是女将,而后勤张总管的四个部门人事、行政、工程、物管部经理都是男的,正好是男女阵营在前后勤的明显划分。

晚上老崔请大家吃饭,也是为我接风。因为我顶着的是济南兼管青岛的区域前勤副总经理的帽子,又是从总部下来的,况且与多数人都认识,尤其是张宗昆、张强等又是很熟的朋友,所以才有此还算是隆重的欢迎仪式。

在酒桌上的敬酒中,我发现虽然有欢迎我的一部分,但同时还有老崔布置安排整个济南青岛工作的内容。

山东人好客,济南人能喝。很快,我们在酒桌上就熟络起来。大家开始相互敬酒,我指定是被灌的。

喝的是趵突泉白酒,先是老崔和济南青岛班子成员跟我喝,我肯定不能不喝,然后是我分管的四个部门经理跟我喝,初次见面我也不能不喝,然后又是兄弟们自相残杀,最后我喝得已经毫无感觉了。

据老崔后来跟我说,喝到晚上大约10点钟的时候,我开始打电话。给晓风总打电话,给王枫总打电话,给赵润涛总打电话,又给大家都认识的门店总经理打电话,我也不知道自己说了些什么,反正就是一个劲打电话。

据张强说,我差点要给丁总打电话,被大家都阻拦住了,否则还不知道要闹出怎样的笑话来。

第二天我在酒店床上醒来,恰好是元旦,正值放假时节,我算是刚来就休息三天。

然而头却痛得厉害,同时胃里的翻腾经过一夜之后并没有消减,难受得我直接到卫生间去全部吐了出来。

我记得宗昆安排了今天要给我找房子,只好给他们打电话说改到明天再说了。我发现手机上我打了很多人的电话,甚至给一些人是挂完后连续再打，最后直接人家不接了。天哪！我都干了些什么？！

我的一个重要的问题显现了：那就是酒后控制不住自己，并且总是不知天高地厚地给别人打电话！虽然后来我不断提醒自己，以后少喝，或者喝了之后坚决不能打电话，一开始或许有意识，但后来还是犯。

记得我以前在总部聚会或者是年会时喝多了没有这个乱拨打电话的毛病，只是跟跟跄跄回家后大声说话，我老婆为了防止我吵醒小金豆，就把门从里面关了不让我进去，我一下子就火大了，使劲踹门，结果把门给踹坏了。

当然事后我跟爱人分析，首先我大声说话不对，但喝了酒，我是不能控制自己的，你得理解，另外你千万不要这时锁门，否则踹坏门就是后果！爱人总是骂我没出息，喝点酒就神魂颠倒。

我想这真的是不好，但在万达有一句话叫：酒量代表销量，酒文化真的也是万达文化的一部分。我喝大酒其实在青岛时也有过，但真正出丑却是在万达。

虽然喝多了出了丑，但假期后的济南店的工作如火如荼地开展开了。

首先，老崔给我介绍了一下2012年济南店指标情况。

在这里，他跟我沟通，说暂时我先只管济南店，因为这样才能更加深入了解一个店，而过了三个月以后，可以再兼管青岛两个店。

不管这里面老崔有什么样的用心，但我当时觉得先从济南店做起也好，我又没有通抓过商场的业务及管理，一下子搞三个店反而出不了成绩。

于是我说好，这样更方便深入研究一下济南店的情况。

老崔苦笑了一下，说："刘总你知道吧，济南店去年（2011年）指标都没能完成，而今年的收入指标相比去年增长了79%啊，你觉得能完成得了吗？"我说："完不成咱也得尽全力去完成啊，要不怎么办呢？"他问我从总部来，到底总部会有什么样的政策变化，现在指标定得这么高，明显就是不让大家完成、不让大家拿到年底奖金嘛。

原来，青岛店、济南店从来没拿到过足额奖金，好像最多的时候是拿了一个月工资的奖金，而多数时候只是象征性发了点过节费。

相比之下，比如北京店，还有王金兵的洛阳店等，当然还有很多店，他们都拿到4个月甚至5—6个月工资的奖金，即便是总部，我当时也是连续三年拿到4个月奖金。

以前总部领导总说，像青岛店、济南店连年没有奖金，而员工还不走，就说明工资给得高嘛！其实不是工资高的缘故，像崔总名义上的工资还不如我呢。

关键原因还是地方文化，在山东，一般人对有一份像样的工作是很看重的，除非万不得已，人们是不会更换工作的，家里的长辈都是这样教育子女：在单位好好干，听领导的话，跟同事搞好关系，等等。

南方很多地方则不然，像我后来去深圳，就知道潮汕人也有一句话，叫：饿死不打工。这就是南北方的文化差异。

初来乍到，我肯定是从最熟悉的市场营销入手，先抓春节前的促销。而在这一点上，老崔的确给了我比较大的管理权限，回想志宇总的话是诚不我欺也。

首先，在各种场合及会议上，对我分管的几个部门是坚决予以信心鼓励，在大家都普遍认为完不成指标的情况下，一起找方法、找措施，并落实到行动中。

其次，在广告宣传上，一改原来纷繁的内容刊登，直接采取了"抢眼"策略，并收到不错的效果。例如，春节前的大促，市场部王焕他们本来汇报给我的活动宣传是密密麻麻的内容，我则给予了批评指正。

在这一块要一分为二，一是对外宣传，如户外、报纸等，要简洁、抢眼、大气，二是内部宣传物料，如DM、海报、LED屏等，要内容详细、楼层分明。

在《济南时报》的一个整版广告中，我直接改为一句话：新春专场——主流商品4折起，其余都删掉，这样红色背景下只有一句话，在当地引起了轰动，甚至媒体的人都说，这种广告形式在济南以前从未见过。结果是销售还不错，算是口碑和业绩都达到了。

真正使我在济南店一战成名的，是百丽在情人节期间的特卖。

当时离情人节活动还有不到两周时间，大家讨论指标达成情况，算来算去还有一块缺口。我提出在商场内搞一场百丽系各品牌鞋的特卖，老崔说干脆跟商管谈一下，别在我们商场内搞，在商管中庭做，他们客流大，这样更容易出业绩。于是商品部便着手去跟百丽谈，两天后给我的反馈是，百丽觉得时间太紧，来不及组织货品和人员，并且他们以前在万达做过一次特卖，并没有理想的效果。

看得出大家的思想还没有统一，我于是召集大家开会，重新明确这次情人节主题活动规划：

一是周大福在百货中庭做文化展卖，叫爱的体验，二是百丽系列十大品牌在商管中庭做展卖，而非特卖，叫仙履奇缘。

针对百丽展卖，我特意强调两点，一是要动员品牌力量、百货宣传力量共同推动该活动效果，要提前规划、提前宣传、利用万达广场中庭客流造成声势，从而将业绩达到10天1000万（含券销售）；二是坚决推行文化展卖模式，即要进行艺术化包装，搞一匹白马，整一些绿植花卉，再制作一双大的水晶鞋，作为现场陈列，做成济南独有的展示特色。然后我要求市场部将这个方案做成PPT，由商品部经理王娟亲自去找百丽的区域经理钟经理谈，一要表达10天做1000万的决心，二要表达做文化展卖的理念。

果然，最终百丽钟经理被打动了，不过他们觉得能做300万就不错了，这样一天也有30万。

百丽同意后，大家便着手准备，营运部李喜春他们跟百丽对接货品和导购培训，包括仓库等事宜，市场部王焕他们抓紧找商管沟通场地，并着重强调文化展卖特点。

最终确定万达广场中庭100平方米，百丽做10天，前6天是10个品牌鞋的特卖，后4天是他们代理的阿迪达斯、耐克、彪马等运动特卖，并且在过程中还增加了限时秒杀环节，引爆了万达中庭。

最终百丽特卖10天的销售结果是440万，借助这个额外销售业绩，再加上全场有效促销，2月份济南店提前10天完成全月销售任务！

记得百丽特卖也是情人节活动提前一周启动的周五，我们正在举行年会及供应商答谢会，我当时又喝得有些头脑迷糊。突然老崔说，今天销售不错啊，济南店完成率竟然排在了第一名！

我一下子清醒，哦，这是活动起到作用了。后面连续几天，济南店业绩也保持在了前三名，大家一下子觉得有了完成当月销售指标的希望。

后来2月底我参加了在万达学院的培训，大家也动员我将这个案例拿出来分享。从总部到地方，很多人觉得是我去了之后，济南店有了变化，李志生总就曾在总部说，文涛去济南店做得很好，给总部市场部争气。

季度会上，全国四十多位店总参会，总部营运中心有一个门店优秀营销案例分享流程，便指定济南店来做分享。因为我是门店副总经理，当时已经没有资格参加总部的季度例会，于是由崔总来讲。

崔总这是第一次代表济南店做优秀分享，以前多是落后门店整改汇报，他参会回来后说领导对济南店近期工作比较满意。

当时崔总对总部是有意见的，虽然大家都觉得丁总对他还比较器重，但是工资不涨、区域总经理也没有正式下文，同时济南店本身任务完成得不好，老崔觉得越干越没信心，甚至都有一种能否挨过一季度而不下课的担忧。

在2012年后的万达，指标就像紧箍咒，一个月完不成的，店总要向营运中心营运部提交整改措施，连续两个月完不成，由营运中心总经理亲自跟进，连续三个月完不成，由丁总亲自跟进，并且如果连续一个季度完不成，集团可能会强行要求撤换门店总经理。

而至少我去后的一个季度，指标完成得不错，老崔对我开始有些信心了，我们两个人的关系也越来越密切。

但没想到的是，因为区域建制前期一直没得到集团批复，我跟崔总都属于百货自行任命的区域总经理和区域副总经理，所以后来集团下发通知，跨城市的区域建制取消，保留单个城市的小区域，这样，我跟老崔就不再分管青岛了，而我也根本没管过几天青岛，这下更是成了名副其实的门店副总经理。

> **小贴士**
>
> 济南的首战告捷，使我开始坚信万达的方法是无所不能的，我开始学着丁总的样子给门店里的兄弟姐妹们开会、鼓劲。

二、齐鲁花园的日子

根据万达集团的报销制度规定，调任或外派到异地工作，前七天可以住酒店，七天以后要找房子。

关于我在济南住的地方，宗昆在我来之前就安排行政部帮忙找了。但后来找的几个地方，要么房屋太旧，要么离公司太远，总之不是很满意。

眼看就要酒店到期，恰好财务副总经理田新锋告诉我他在天桥区的齐鲁花园租了一套房子，价格也合理，房子也挺新的，离公司也不远，走路大约半个小时，坐车十几分钟。

他建议我也在那住，于是我们一起去附近的中介找到了一套一百多平方米的两居室，房东是个中年大叔，好像也是山东某大学毕业的，他第一次出租自己的房子，显得很谨慎，不过我们谈得很好，大家也都喜欢山东鲁能足球队（我现在是一点都喜欢不起来了，不解释），最终月租2700元，押一付三。我将房子拍照后发给我还在北京的老婆看，她觉得也还可以接受，我还告诉他齐鲁花园小区里就有一家幼儿园，所以就这么定了，我与田新锋田总成了邻居。

春节前我在济南是一个人住,并让老婆从北京邮寄了棉被和衣服,那个中年大叔因为要将房子出租,在11月需要交暖气费的时候并没有将暖气费续上,后来便需要我自己缴费,我也没交,所以每当夜里,我总是瑟瑟地将自己蜷缩在厚厚的被子里,睡不着的时候就伸出手翻看着一本吕思勉的《中国通史》。

北京跟济南不一样,北京的房租是含暖气费的,而济南、青岛要租房子的话,房租之外,还要另外交暖气费。暖气只属于长江以北,后来在深圳,冬天气温差不多15—16度,按说非常温暖了,但时间一长,在屋子里没有暖气,人反而会感觉更加阴冷。

春节前的忙碌似乎有了一些好的结果,济南店的销售完成排名慢慢地提了上来,至少不在倒数的门店之列了。

春节是在北京过的,我定的是大年三十晚上济南到北京的高铁,同2009年北京回青岛一样,并且这次更晚一些。毫无疑问,这是属于我的专列,专列上还有春节晚会的直播。

记得到北京已经半夜11点多了,我坐上了一号线地铁回通惠家园的家中,春晚中李玉刚的《新贵妃醉酒》在地铁上飘荡着,快到家的时候,也是朱军他们在喊新年倒计时的时候:10,9,8……3,2,1,新年快乐!时间已是2012年的大年初一了!

我爱人和小金豆对北京似乎也有些留恋。这个春节假期我们尽情地逛着、玩着、吃喝着,不放过北京的每一个记忆深刻的角落。

春节过后,我爱人向在北京的公司提出了辞职,说要到济南了;而小金豆也从向日葵艺术幼儿园转学出来,向老师和小朋友们做了告别。

后来到深圳幼儿园的时候,我故意问女儿:"你们班的九儿最近跟你是好朋友了吗？"小金豆回答："她在北京啊！"

我又问："那王语萱呢？"女儿有些不耐烦："哎呀爸爸，你是不是大脑都糊涂了，她是我北京的好朋友，可我现在是在深圳呀！"我第二次回万达总部，暑假爱人和孩子也过来北京，她爷爷打电话问："小金豆，你跟王语萱联系了吗？"小金豆说："没有啊，我都不知道她去哪儿了！"

很快，我爱人与孩子春节过后来到了济南。收拾完在北京的最后一点家当，她还发了一条微博：再见，北京，我们还会回来的。

我们原本打算在济南买房子的，并且齐鲁花园作为天桥区最高档的楼盘，当时每平方米也只有9000元左右，可我爱人发现济南的天气还不如北京，城市感觉并不好，于是作罢。

而田新锋则在齐鲁花园旁边的一个公寓买了房子，买的时候每平方米七千多，据说现在也是过万，当然这个涨幅不大，但对于居住来说是值得，虽然后来他也离开万达，在青岛上班，不过好在两地并不远，而他的孩子也慢慢大了。

在济南，小金豆有过一次疝气症，我爱人吓坏了，因为听说这个病要动手术。老崔很仗义地托了一个叫刚子的朋友，给找了医院和主治大夫，不过后来我爱人听说那个医院不是最好的，于是我们又转到了济南儿童医院，安排做了手术。

手术前后一周多的时间，小金豆都是要在医院度过的，我爱人天天在医院陪她，后来我岳母从青岛过来替班，我也一下班就往医院跑，总之折腾得不轻。

老崔、宗昆和一些同事们分别来医院看望，整个团队让我越来越有感觉。而老崔也向我爱人开玩笑说："文涛是我们公司的发动机啊，他的事儿就是公司的事儿！"我当然很感动，也明白老崔的意思。

的确，从我来济南后，一是我本人真心实意地投入到工作中，并且一门心思是为提升这个店的业绩，而不是来争名夺权的；二是我的激情可以感染到团队，至少营运部、招商部等核心业务部门的精气神和凝聚力被大幅度调动起来了，他们也都经常无怨无悔地加班、盯销售、做设计、写方案等；三是因为近期的业绩有提升，崔总的压力其实减小了，至少前几个月不用去总部述职了。

来到济南，我专门办了一个旅游景区的年卡，这样济南所有景区都可以直接去了，我带着家人逛了大明湖、趵突泉、植物园、千佛山等济南当地名胜，在逛的过程中，因为我始终放心不下店里的销售，经常实时看手机报表，有异常数据还要电话了解，甚至要临时部署工作。

几乎每个周末和节假日带着家人出去玩，我都会心不在焉地一边逛一边工作。于是我爱人就抱怨，说我这反而是领导管理能力差的表现，一心二用，玩也玩不好，工作也做不好。

说到管理和领导力，大家都知道这是两种不同的能力。管理是通过管控别人达到目标的系列手段，领导力则是吸引别人跟随，激发别人的价值，我觉得我在慢慢摸索自己的领导和管理风格，所以内心并不认同我爱人的话。

后来我在微信（2011年微信推向市场，而我于2012年初开始接触微信，后来关于微信本身的故事大家都知道了）上看到一段话：识不足则多虑，威不足则多怒，信不足则多言。

这是表述企业家领导力的一段文字，很得到一些鸡汤爱好人士的认可。我却经常想，乔布斯经常发怒，经常骂别人，经常有苛刻要求，甚至对团队也是一种话唠，那这又怎么说？而军队里的将领，也不都是儒雅、威不多言的类型吧？《亮剑》中的李云龙不就是一个例子？他素质不高，整天骂骂咧咧，甚至有些神经质的要求，不更能打造一支铁军吗？

这个问题其实很有意思，至少在我这里还是无解，可能我在管理上还不成熟吧。

而老崔则经常表达他的管理风格，三个词：坦诚、责任、担当。这估计是从贵和集团带来的经验。

要做好这三个词不容易，同时还需要有良好的情商。有一次老崔跟我炫耀了一下以前他在领导面前怎样左右逢源的：

他在贵和的时候，有一次喝酒吃饭，老崔的直接上司、上司的上司，还有一些其他人参加。当时大家都喝得差不多了，直接上司跟自己的上司有些不是很合，属于不同的派别，这时上司的上司要求老崔再喝一个酒。"如果是你，你会怎么办？"老崔盯着我问。我说："这很难，你喝吧，就得罪了自己的直接上司，不喝吧，那肯定是得罪了更高的领导。"

哈哈，老崔笑着继续："我是这么做的，领导的领导让喝，不喝不行，于是我拿起杯子一干而尽；但自己的直接领导那怎么交代呢，我喝完以后，立即以身体受不了为由，拼命地吐了出来！"

我大为叹服，说："你这可太高了！你喝了，领导的领导会满意，但你又吐了出来，你的直接领导会更加满意，表明你还是他的人；而最高的领导因为你确实是酒量不行或身体承受不了而吐的，所以也不会对你有什么意见。"老崔神秘地一笑，说："对！没有这点情商，怎么在国企混。"

如果说这是怎么应对领导的，那么，如何对付下属和员工，并刺激出他们的工作思路来，老崔也有自己的办法，其中最著名的一个办法就是：开会！

这不是普通的开会，我亲身领教过。我们每周二有一个周例会，基本从下午两点钟开始，主要说一下各部门的上周工作状况，以及下周工作计划等，并对一些问题提出解决办法。

后来因为指标压力大，基本就变成了如何完成指标的例会。有一次开会，我们从下午两点一直开到了晚上十二点，按照崔总的规定，讲不出改进措施来，不许散会。大家已经十分疲惫，饭也没有吃，只是偶尔去趟厕所算是放放风。后来几个部门经理向我表达过这样的长会他们并不喜欢，而老崔的解释是：人只有在濒临崩溃的临界点时，才会真正激发出思路和想法。

而我们通过连续的熬夜开会和熬夜加班，尤其是招商部的几个女将更是通宵达旦地进行，济南店的重新定位规划终于完稿。原来济南店精品店的定位被逐渐推翻，而形成了一版新的定位方案，我称之为"精致潮流店"。

基于当时济南店存在的四大问题：

1. 精品服饰销售下降、3000万装补难以为继；

2. 现有传统品牌生存困难、名存实亡；

3. 商品品类不丰富、无竞争优势；

4. 品牌结构与万达广场时尚定位不符。

我们提出了两个重要的转型方向：

1. 由正转潮：精品转潮牌；

2. 由男转女：打造女鞋、淑女装、珠宝为优势品类。

该定位报告，先是报审总部，营运中心王枫总和当时的总部分管杜毅总表示赞成；后来到万达学院有一次专题的定位审核会议，丁总亲自审核。

最终的结果是，在几十家门店的定位报告中，济南店和武汉菱角湖店的定位方案获得丁总的表扬，认为我们有思路、有追求。

不过戏剧性的是，济南店的方案刚开始实施不久，就面临了一场人事变动的插曲，营运中心新来一位常务副总经理王亮行，原来是潍坊中百的总裁，后来追随王总来了一位新的济南店的店总李玉华，济南店的定位又被重新规划，最后直接改成一个普通的时尚百货，鞋子下到了一楼。

而武汉的方案也没有得到实施，很快武汉区域总也被下课，菱角湖店连续走马换将，后来总经理达到了17位之多，然而最终的结局跟济南店等大多数店一样，也是于2015年盖棺定论：关店。

> **小贴士**
>
> 这段时光，也是一段打了鸡血、十分快乐的时光。根本原因在于我那时得到总部和丁总的进一步认可，这种认可产生的力量是无穷的。

三、个中变局

互联网规则在21世纪尤其是2010年以后，所形成的亘古未有之变局冲击，不仅仅影响了商业、影响了媒体、影响了金融等等，更重要的是，新兴消费者的生活习惯变化了，产品迭代的速度更快了，跨界整合的幅度更大了，然而对于这一切，百货的觉醒程度并没有高到哪里去。

王健林董事长曾经说过：如果房地产注定要最终崩盘，那么万达也一定是最后崩掉的企业。这句话的依据最主要是万达的持续现金流比较强，也就是商业部分的占比更高，地产部分的占比越来越低。

而对于商业来讲，尤其是连锁百货，当初的我们也一定会坚信：如果传统连锁商业最后被冲击垮掉，那么万千百货也一定是最后垮掉的百货企业，而这个坚信的依据是万千依托于万达广场，从一出生就不缺乏客流的滋养，同时万千百货连锁发展的技术手段及针对供应商的合作战略，我们也坚信当时是最先进的，另外辅之以顾客服务标准和供应商服务标准的优化，并坚定贯彻"品味、关怀、阳光"的万千百货价值体系和时尚顾问的角色建设，在必要条件基础上的自营探索，不放弃互联网技术手段的应用，等等，至少从公司领导到管理层，大多数人认为是已经找到发展的问题及经营对策的。

但集团并不这么认为，集团在百货的经营上开始相信使自己在商业地产上成功的经验，于是一场变局开始了。

我们最明显的感觉是，集团收紧了对百货的指标考核及管理权限，月度、季度完不成指标的门店总经理及总部营运中心分别述职，连续一个季度完不成指标的门店即有下课之虞；所有门店的定位调整方案报审集团，由丁总裁最后审批，并对招商调整进行模块化管理，对于各种节点进行信息化管控，等等。

丁总最初汇报的对象是李总裁，而李总裁基本上会尊重百货及丁总的意见。但此时的李总裁已经没有权力再管百货了，集团收购AMC后，李总裁被任命为驻外首席代表，但好像他并没有几次在国外，而他在国内的办公室也被裁减，最终的结局也是离开。

不过因为李总裁在万达的资历深、跟董事长时间也比较久，所以是有万达院线的股票的，据说也是几个亿的身价了。

很快，百货的分管副总裁变成了曲德君，原来作为丁总在商管公司的继任者，以稳健而卓有成效的管理业绩，连续获得提拔，成了名正言顺的丁总汇报工作的上级。

百货内部也是风云变幻。

一是金鹰商贸集团的副总裁苏杰在2012年上半年入职百货，职务是万达集团总裁助理兼百货常务副总经理，这样百货就有了两个常务副总经理，一个是赵润涛，一个是苏杰。

苏杰总负责招商中心，原来的百货副总经理兼招商中心总经理张晓梅总则负责精品店招商，前文说过，晓梅总是李总裁和丁总在与伊丽莎白·雅顿的合作中看中的人才，并全力挖过来管招商的，但现在只负责了武汉汉街店及长沙店这两个店的招商。

很明显，苏总到来，原来的赵总和晓梅总必然离开。应该是半年左右的时间吧，赵总离开；再后来，当武汉店即将要开业的时候，原来在汇报中体现的全球各大奢侈品品牌纷纷表示入驻的情形不见了，万达开业面临空铺或降低级次的风险，晓梅总及负责精品招商的总经理先后离开。

二是广百集团副总经理亢小燕也在2012年年中加盟万达，职务是万达集团总裁助理兼百货副总经理，分管营运中心。

这样王枫总就只管市场部了，后来又兼管了筹建管理部。而张晓梅总负责的武汉、长沙两个精品店的招商工作，也属于筹建部跟进的范畴，筹建更多是跟进规划、进度及各个节点，其实不管招商。

但后来晓梅总等人走后，一片烂摊子的责任却需要有人承担。有一个后来的说法，就是王枫总其实当时还是想继续留在万达奉献的，并且曾一度受到丁总裁重视并委任其负责儿童业态的拓展。

然而离开的命运也还是避免不了，当年曲总裁开会，正好提到武汉汉街店的一片混沌，便质问百货筹建是怎么干的，王枫总解释说这是原来招商留下的问题，其实筹建解决不了。

曲总裁勃然大怒，狠狠地将自己刚买的iPhone 4s手机摔在地上，摔了个粉碎。

营运中心的常务副总经理王亮行总曾说，他从地级市直接跨过省城，来到京城，也是一个新的挑战。然而他刚跟王枫总配合得差不多，却又换了新领导亢总，又得适应。

亮行总是个儒将，他在潍坊中百是商业旗帜性人物，自己也曾表达过山东的几个城市商业代表人物有：济南的孙靖寰，青岛的梁汉瑞，潍坊的王亮行。

亮行总同时也是当地的知名书法家，正好赶上集团组织书画大赛，他便小试牛刀，结果其书法作品竟被评为二等奖，大家都安慰说可能是集团的评委不识货。

他说过苏杰总是业务型干部，但要做好领导工作，仅仅业务型还是不够的。其实这话是没错的，苏杰总曾主导战略品牌与百货的合作，并拿了千百度系作为试验，结果只是签了总部框架，而地方具体合同千百度却不买账。

甚至济南店要与千百度合作，我们都说了总部已经签署战略合作，结果千百度区域的秦总不但继续要装补，而且合作条件还压得极低，因为山东、河南都属于秦总管的区域，与郑州二七店也有合作，王金兵于是打电话给我，说千百度很不像话，建议我们联合都咬住条件不降低，如果不做，那就济南、郑州都不跟他们合作，因为千百度也是要开店的，我们这两个重点区域如果不开，他们也交代不过去。但最终郑州的确没有合作成，而济南好像接受了对方的条件，开了店，当然这是后事，与我其实没有什么关系了。

千百度战略合作是失败的，百货其他的战略品牌合作也是名存实亡，资生堂、雅顿等品牌给百货造成的买货损失有几千万，自采模式显然没有走通。苏总的工作可能也是压力越来越大，当然最后的结局就是他在万达做了不到一年，也离开了。

我虽不在总部了，但关于总部和集团的传言并不少。百货指标考核的同时是人事调整，人事调整的同时，也迎来了更名的日子。

2012年7月25日，万千百货更名万达百货的正式发布会召开。对于这次影响深远的更名，万达百货的官方媒体发布是这样说的：7月25日，万千百货更名为"万达百货"的新品牌战略发布会在北京举行，万达百货总经理丁遥表示，万达百货的更名，更深一层的含义是万达集团重塑商业格局，整合旗下各产业形态，打通"大万达"品牌体系，依托全国数十家万达广场这一"城市综合体"的规模优势，不同业态资源共享，相互支持，互助合作，连锁运营。

根据万达百货新品牌战略，万达百货门店的定位分为四大类型——高端奢华店、精致生活店、时尚流行店以及社区生活店四种店态形式。万达百货根据每家店的定位，将形成与本地市场紧密结合的特色，以适应不同地区和不同客群的消费需求。消费者今后在万达百货购物，无论是购物环境，还是品牌选择，再到售后服务，都将得到全面升级。

同时，著名品牌专家李光斗先生也参加了这次发布会，他是这样说的："更名可以称为万达集团对其百货行业的一次整合，运用品牌效应，最终达到扩充整个万达集团产业链的目的。更名后万达将用自己的品牌效应带动百货店的发展，企业也将进一步探索自有品牌发展方向，这是一种品牌的延伸性。""更名后如果能更好地延续企业的品牌核心价值，那么更名或者其他一些领域的探索就是一种良性发展。"

那时的丁总虽然感觉到了一丝"山雨欲来风满楼"的集团调整变化，但他还是在这样的环境中履行自己的职责，并结合更名后的进一步动作，借各大媒体的报道向全体员工吹响了新的冲锋号：万达百货全国40家门店还将联袂开展"新品牌、新形象、新回馈"全国大型活动，本次活动冲击力、促销力度都非常之大，活动目的是在更名之后迅速以"大万达"带来的巨大优惠打动新老顾客；另一方面，也期望通过活动冲击销售指标；同时，也预示全面升级后的万达百货吹响了向"中国百货业冠军"进军的号角，首次亮相即展现出不容小觑的雄厚实力。

然而，另一种媒体声音却是这样的：目前万达百货毛利率要低于行业平均17%的水平，而总经理丁遥始终不愿意透露万达百货平均或者单店具体的利润数字，只是强调，会通过提升服务、产品组合等其他方式来弥补给供应商的优惠这一块成本。不过，从业内获得的数据是，毛利率最高的单店约为12%—13%；而最低的即新开店的仅为1%—2%；同时，万达披露的数据显示，旗下百货店均销售额3亿元，相比之下，其他上市百货公司店均销售额5亿元。事实上，根据去年的销售额69.3亿元来计算，40家店平均销售额仅为1.7亿元。

话又说回来，彼时百货行业早已是惊弓之鸟，万达百货的对手如果还是盯在传统百货的模式和经营水平上，必然死路一条；但正确的路究竟该怎么走，却没人给时间去论证了。

当时我们做的更刻骨铭心的是：默默收藏起早期印有万千LOGO的司徽、水杯，甚至证书，把它连同当初的记忆，深深地埋在心底。

一次吃饭，我与宗昆谈起当年我们四个人从青岛到万达总部入职培训，他感慨地说："当时你是提拔最快的，我们觉得你在万达不可限量，没想到现在跟我一样都是门店副总了，现在程雷反而是最高的了。"

我知道，程雷又被调到北京区域做区域副总经理，分管北京、廊坊两地公司财务工作，他跟我不一样，他是获得正式区域任命的，我则没有。

我问宗昆："刘鹏最近怎么样？"他说刘鹏去年离开万达到了威海一家单位，做人事行政总监，据说很不错。当然两年后刘鹏也从原单位离开，去了立天唐人济南区域，这是后话。

慢慢我明白了，所有离开万达去另一家公司高就的，基本上不超过两年就会再度离开，原因多种，但这或许是万达人，尤其是万千人的宿命。

> **小贴士**
>
> 如果你看过《走向共和》前半段，李鸿章鼎力苦撑清朝危局，虽然后期维新变法也酝酿开展，甚至有机会赢下最终结果，最后却被压制了，你就会明白，万达百货的路其实越走越难了。

四、从没想过要离开

如果要说我在济南店有什么值得夸耀一下的成绩的话，我厚着脸皮觉得可以有三点：

一是使整个团队又重新恢复了激情与信心，老崔对我的评价是"永远保持激情"；

二是不管用什么手段，在合理合法的范围内完成了济南店2012上半年收入和净利两项核心指标，这是济南店史上的第一次；

三是主导完成定位调整规划，获得集团认可，并通过下沉一线，获得了宝贵的招商运营经验。

然而此时，大家都看得出，万达的紧箍咒越来越明显，看得出老崔慢慢有些吃不消的感觉。

2012年7月份，深圳服装博览会，我们应邀参加。那是我第二次去深圳，第一次应该是前往周大福、周大生等公司总部洽谈珠宝节活动，而这第二次到深圳，它当时的天气一下子把我跟老崔深深吸引住了。

记得那时深圳的天是那么的蓝，又不似北方蓝得那样干裂，略带有一丝水墨之蓝的意味，而蓝中偶尔有几朵大大的白云，又特别的低，似乎抬头伸手可触。因为在济南见到的多是灰蒙蒙的天，尤其是我将近一年时间就没见过几次蓝天，所以对深圳的喜爱就是这么肤浅地发生了。

短短半年时间，我跟老崔一起去过北京参加商业博览会，又去过深圳参加服博会。这两次参会，我们得出两个重要的结论：

一是传统的服装服饰品牌份额将被新型的、潮流多变的品牌所瓜分甚至取代，因为其老化；

二是传统商业百货及购物中心的经营招商人员将迎来最大的生存压力，因为僧多粥少，好品牌有数，各地商场却几何级数倍增，这从每次博览会上来的百货及购物中心从业人员如过江之鲫及其茫然的面色也可知。

于是他问我："你说这种情况我们怎么办？"我当然不知道该怎么办，但我深深清楚，济南店要进行招商调整，引进一个巧帛女装都要跟我们要装补，这在以前是绝对不可能发生的。

"甲方乙方的市场地位已经颠倒过来了。"老崔感慨地说。我说："看完深圳服博会，我更加坚信我们引进潮流品牌是对的，商场只有抓住时尚的本质，才会调整成功。"

"你觉得在万达你能看到那一天吗？"老崔问。

在深圳服博会期间，我们还听了一场著名经济学家郎咸平的讲座，真切地见识到了郎教授本人在现场是多么大的气场。

首先，在他到场之前一个小时，深圳国际会展中心的大厅已经是座无虚席，所以有供应商伙伴提醒我们，要想听郎的讲座，必须提前过去。

其次，等到郎咸平教授到场后，他发布了几条纪律，包括不准拍照、不准发微博、讲话内容不准外泄，并且特别建议有心脏病的、高血压的听众离场，因为接下来的讲话"会十分震撼"。

那时听说他的出场费是 20 万元一场，讲一些经济形势及看法而已，并非真正的商业百货如何做的技巧，但大家的兴趣比讲自己专业领域的兴趣更大。

郎教授当时发表了他对中国经济悲观的看法，并指出政府决策的失误、制造业的危机，以及地价虚高，会使商业零售雪上加霜。

同时，他还提出了如果要做商业，就做哑铃型的商业定位，就是要么做真正的高端奢侈品，要么就是大众流行商品，而中间的不上不下的品牌会更加困难，因为当前中国的消费特征是：奢侈品的炫耀式消费，以及贪图便宜的屌丝消费。当时的公款消费打压还没开始，而电商占领的就是屌丝市场，所以这两块被看好是一个增长点，而中产阶层，用郎教授的观点，就是中产将被金融和地产洗劫，所以消费力会萎缩，当时的中国无法诞生真正的中产阶级。

事实也证明了，2012—2013年，奢侈品商业的确经历了在中国增长高峰，不过这算是最后的疯狂，后来因为政府打压公款消费，奢侈品消费便日渐萎缩了，以至于现在基本上很难再开出一家像样的精品商场来了，万达长沙店及万达武汉汉街店的定位招商失败，就是个血的例子；而屌丝消费则被认可，互联网针对大众叫屌丝，实体商业叫针对大众叫时尚流行，所以现在的商业有一句话：高大上不如快时尚，快时尚不如大排档。

万达广场之所以快速发展，每年几十家店，从某种意义上说是精准化定位的结果：定位时尚流行，不做高大上的精品店；而宁高宁当年做的大悦城也基本是这个潮流时尚的路子，从而说明购物中心再也不是万象城时代了。

郎教授的演讲对我们的确有震撼。听完演讲出来，老崔问我："如果有两种方向让你选，一个是购物中心，一个是品牌乙方，你选哪个？"

我说："我是不想离开万达的，我们应该专注坚持地把万达百货做好，实现自己的理想。"

老崔反问："万达百货是谁的？不是你我的，也不是丁总的，是王健林董事长的！百货对他的意义是实现购物中心的快速发展、增值，现在完成任务了，你觉得万达百货还会有明天吗？"

我那时因为基于对万达的情感投入较深,并且也单方面认为即使百货做不好了,不还有商管吗,到时可以换一个系统。现在看来还是太傻太天真。

当时在深圳的最后一天,老崔约了香港著名家纺品牌卡撒天娇的老板一起吃饭,他们以前因为卡撒天娇进驻济南贵和而有了交集,据说老崔也帮了这个老板一些忙,对方还是有些感激。因此当天卡撒天娇大老板 Leo 在深圳 CBD 的品味轩宴请了我们,双方聊得应该说非常愉快。

而就是这次阴差阳错的会面,使得原本没有任何离开万达打算的我,居然在后来发生了一系列的变化,而职业生涯也跟着发生了巨变。

当天晚上,卡撒天娇的董事局主席 Leo 与我们真的是相谈甚欢。他的卡撒天娇公司即将于 2012 年 11 月份在香港联交所上市,而且登陆的是主板,应该是香港主板市场唯一一家家纺上市公司。

卡撒天娇是干什么的呢?当时我们认为,恰恰就是属于因商业项目几何级数倍增而炙手可热的品牌方,也就是以前所谓的乙方。

这个公司是 Leo 一手创办,后来太太和弟弟 Ricky 也加入了进来,旗下主要是自营的高端产品卡撒珂芬、中高端产品卡撒天娇以及当时代理的法国家纺品牌 ELLE DECO。

其中我们了解到,卡撒珂芬等产品在北京的新光天地、燕莎奥莱以及上海的久光百货等全国最高端知名的商场开店,并且业绩不俗。

因为公司要上市,同时又要启动更大的业绩增长及品牌推广战略,所以,Leo 想找一个企业高管,协助他的弟弟也就是集团董事局副主席兼卡撒天娇大陆公司董事长 Ricky 负责大陆市场。

他看好了老崔。

我猜当时是基于两点：一是老崔曾经帮过 Leo 在济南拓展市场并协调当地关系，二是老崔在万达集团的百货做过，既有丰富的百货零售经验，又有大的连锁企业管理平台经验，符合他们依照上市公司规范管理的选才标准。

我看得出老崔有些动心。老崔向 Leo 提了一些问题，比如现在公司管理上最大的困惑是什么，业绩增长的阻力来自哪里，大陆公司的业务构架及发展目标是什么，等等。

Leo 其实不善言谈，这与后来我们认识的 Ricky 不一样，但仍很有耐心地解答老崔。卡撒天娇的年收入其实只有 6 亿左右，其中香港地区就占差不多一半，而香港与大陆门店数量之对比是 70 家：400 家，最关键的是几千万的利润却几乎都来自香港公司，大陆公司从 2011 年后就开始出现业绩负增长、利润接近零的现象。

最后 Leo 提到了公司的一个副总经理王总，后来知道他叫王钦，说他管理上比较差，并且听不进别人的意见，自以为是家纺行业天下第一。

老崔进一步问："那这个王总您打算还继续用吗？"Leo 回答："如果有新的总经理过来，看一看，确实不适合就可以不用再请了。"香港人招人、用人一般叫请人，不再请就是不再用的意思。

这时，我忍不住插了几句话，我说："我觉得其实先别从人上去抓问题，先从企业的目标和战略上去看，到底卡撒天娇上市后的目标是什么？进一步的发展战略是什么？品牌的市场定位及渠道是哪些？用什么措施和政策去落实这样的定位和渠道？这才是关键的。当然我也是纯粹学术探讨。"

Leo 却听得很认真，陪同 Leo 的卡撒天娇另一个副总经理李建林也频频点头，并附和说刘总说得很有逻辑，并说自己以前也在大公司海尔做过，感觉应该是从目标和战略上入手。老崔也很兴奋，说"文涛你终于被激发了"。

夜色渐浓，大家却越谈越有感觉。本来 Leo 要开车从深圳直接回香港的家了，但那天说晚些回去没关系。

于是，我们吃完了饭，Leo 又找了一家深圳当地的茶馆，坐下来继续聊。这时大家都放开了，话题更发散。我则借助原来的酒劲和茶劲继续大放厥词地表达对企业经营的看法，而且原来在北京万达总部时看过的电视管理培训课突然上脑，就是这套所谓的逻辑彻底使 Leo 折服了：

首先老板要确定自己究竟要做什么、达到什么样的高度，这个就是企业愿景；

其次依据愿景细分出目标，尤其是每年的目标，这个目标就是老板梦想的具体化；

再次，依据目标制定企业战略，也就是品牌定位、渠道定位、品牌形象推广战略等；

接着，按照战略执行，要有具体企业架构及制度保障，也就是据此来完善企业的管理规范；

同时，要使管理能够落地，必须依据具体业务拟定业务标准，管理的要害在于使业务不偏离执行标准；

接下来，就是考核、反馈，通过考核、反馈来看制度、标准、规范的合理性，以及哪些需要动态调整；

最后，一切经营和管理动作反映到目标上，依据目标是否实现，来反观企业战略、制度、标准、考核等系统及优化改进，同时也可以根据完成情况进一步将目标提升；而这最终就是企业愿景也就是老板梦想的实现。

Leo 很高兴，于是端起一杯茶水向我发出邀请："刘总，希望你能来帮我。"我表示很惊讶，说："郑总（Leo 的中文名叫郑斯坚，他弟弟 Ricky 的中文名叫郑斯灿），我去能做什么呢？我不懂家居用品呀！"

郑总很郑重地说："我教你，包你两个月全都懂了。"老崔也帮着说话，劝我。

茶尽人歇夜更深，到了分别的时候，Leo 起身跟我们一一用力地握手，说："希望你们两位都早点过来帮我，明天我跟 Ricky 说一下，你们走之前最好能互相见一下。"我们笑着说："感谢郑总的宴请，有机会到您公司去拜访。"因为了解到我们是明天下午深圳飞济南的航班，Leo 转身交代李建林，让他安排我们明天去卡撒天娇公司看看，下午安排司机送我们去机场。

于是，第二天我们到了位于深圳福田区星河世纪大厦的卡撒天娇总部，并见到了与 Leo 的内向截然不同的外向型霸道总裁 Ricky，当然不是霸道了，后来了解到他其实管理上比较宽松，只是更爱说话、爱抛头露面，属于一母同胞两种性格。

中午请我们一起午餐，Ricky 说 Leo 向他转达了邀请我们前来帮忙的意思。老崔说先不着急决定，并邀请 Ricky 过一阵到济南去，他做东，届时大家一起做做，有什么话再继续深聊。Ricky 一口答应。

在回去的飞机上，我跟老崔说："我可没打算从万达离开啊，我觉得你倒是可以考虑。"

老崔神秘地笑笑，反问我："你觉得万达百货还会有更光明的前途吗？"

我说："万达百货只要集团有决心，肯变化，一定可以做好，你看,现在连老板的儿子王思聪都在努力地促进万达的变化了,你没发现吗?"老崔狐疑地看着我说:"王思聪?"

小贴士

女士们先生们,备受争议却又大红大紫的"国民老公"下章就要登场了!我想说的是,失败者会从道德角度评判别人,而成功者往往从事业发展的角度看问题,我倾向于后者,虽然我不是成功者。

第七章　思聪那年

一、先来欣赏一次直言不讳的付费问答

我们这里先用倒叙手法，让时间跨越到2016年5月底，当时一种最新流行的"你付钱我回答"付费语音问答模式被王思聪又一次引爆，当然引爆的不仅仅是这种形式（两天时间，网友花了17万，王思聪回答了32个问题），最重要的是王思聪直言不讳的回答内容，这里就为大家节选一下，看看这位号称"国民老公"的年轻人的大脑与各位有何不同吧！

1. 请问作为亚洲首富的儿子，您的人生还有什么买不起？

回答：从正常可销售的东西这个定义来说，我的身价应该是没有什么买不起的，但是从哲学角度来说，那很多东西可能是不销售的，比如说自由啊、爱情啊、尊严啊，像这些，从定义上是买不到的，但是作为一个中国人呢，生长在中国的中国人呢，有些东西，我在买之前，会三思会考虑，比如说一些过于奢华的东西、一些会引起民愤的东西，等等。

2. 我替几千万适龄女性问吧，请问你的择偶条件是什么？

回答：我的择偶条件啊，说实话我真没有考虑过这个问题，

说几点吧，第一就是，目前来说我还是一个不婚主义者，我不想着结婚。所以我没有想过要结婚，交女朋友是会交，没有想过会发展成一个结婚对象。那交女朋友的标准的话，我觉得就是，还真没有什么标准，看她顺眼我喜欢就好，我与一些传统的这些中国家庭或者老一代不大一样，门当户对呀，高学历啊，或者是说知书达理这些我真的不是太看重，我觉得三观正比较重要吧，我喜欢我看着顺眼就好，但是真的没有什么其他的标准了。

3.作为一个普通人，特别想知道，校长平均在每个女朋友身上花费多少？

回答： 因为我从我十七八岁初恋到现在已经十几年了，所以我在每个女朋友消费花费这完全取决于当年的我的零花钱的多少，我十七八岁的时候花钱不多，或许给女朋友买个饰品什么的，几百块几千块钱的东西，随着我的年龄不断增大，可支配的收入越来越多，就会选择几万几十万的东西，所以很难算出一个平均的花费，但是有一点是确定的，随着我的岁数越来越大，可支配收入越来越多，在每个女朋友身上的花费是越来越多的。

4.你在微博上吐槽各路名人明星，分寸却都拿捏得恰到好处，你是怎么做到的？

回答： 是这样子的，在微博上吐槽这些人的时候，根本没有想过要拿捏分寸，真没说，我说的只是我个人对他们的看法，这是我个人的一个言论自由，除了不评论政治之外，我觉得我爱评价哪个，这是我个人的事儿，我也没有想过要拿捏分寸。所以回答你的问题就是，我可能没有拿捏分寸。

5.投资经历中最让你满足和兴奋的点是什么？你选择投资的标准是什么？会追热点吗？

回答：投资标准，（1）作为一个商人，会投资一些在短期、中期能得到财务回报的（项目）。有一些可能我自己不太认可，但是是市场上认可的，我也会投。（2）作为艺术家，我会投资一些有意思的，或者长期对人类有所帮助、对社会有所改变的（项目），比如尖端的科技、生物、医疗等。（3）我不会追求热点，因为很多热点都是我最先创造或是发现的，比如像直播等。

6.你相信王子和灰姑娘的故事吗？在现实生活中，你会爱上一个出身平凡、身材一般，但是内在特别美的女孩吗？

回答：这个世界之大无奇不有吧，所以我是相信，会有这种王子和灰姑娘的故事，在现实生活中，我觉得我是一定有可能会爱上一个平凡的人，但是我一定不会喜欢一个身材一般的人吧。

7.有被家里催过婚吗？怎么化解避不开的催婚？给普通单身男女有什么好的建议？

回答：至今为止，我的父亲和母亲从来没有在婚姻这个话题问题上跟我有过任何的讨论，所以我是没有被家里催过婚的。怎么化解避不开的催婚，我觉得就要站起来跟他们直说吧，这是我的生活、我的生命，别来管我这方面的东西。你明白这个意思吧？对于单身男女，我的建议是千万不要闪婚，我身边的人闪婚的基本都挺失败的，一定要多去了解，并且确定一定要是你真心喜欢的，跟你三观是符合的，要不然的话，日后还是得离婚，要不然接下来你生活还是会不开心，是吧。

8.外界看你一直游走于花丛中，却又宣称自己是不婚主义者，这是在高调呼唤终结者吗？如果有，你觉得是什么样的人？

回答：这个问题录了很多次，但是每次因为超过时间限制没有录完，我就简略地讲这个答案吧，我觉得大家对我这个不婚主义是理解错了，我觉得婚姻这个概念本身就是有瑕疵的，我觉得一个男的跟一个女的，通过一张纸和一个仪式绑定终生是一件比较可笑的事情。

9.出国留学对你来说，收获最大的是什么？

回答：出国留学一定是对每个人完全不一样的一个经历，因为你二十五岁和三十五岁和五岁出国是完全不一样的经历，那对于我而言我是十五岁出国的，因为西方教育是更好的嘛，所以我的收获一定是我会说英语，我学习并了解了西方文化，但是最大的收获一定是一个思维模式吧，就是你更客观、更理智的一些想法和做事方式，我觉得最大的一定是产生了一个有自己的自主判断的能力，并且能敢于表达自己的想法，因为这个东西对中国教育来说，是比较有压迫性的吧。

10.怎么看现在火爆的直播行业？选择投资直播平台的标准是什么？你觉得女主播、网红这种模式还能持续多久？

回答：直播只会越来越火。因为直播是一个新的内容展现模式，它是一个有交互性的展现模式，就像从电台到电视台的一个载体的改变，只会越来越火。我之前没怎么投过，之前只投过17App平台，但去年6月份我自己出来做了一个熊猫TV，所以不太会投其他的了。女主播和网红的模式会很火，但持续性不会太好。我比较相信直播平台持续火的能力，不太相信个人能火的能力。

11. 更倾向于投资什么类型的项目？当然，如果你要硬聊择偶标准，我也没脾气。

回答：我刚刚回答了一个差不多的问题，感觉我要是再回答你这个问题，有点像是骗了你3000块钱，但是我还是回答了吧。我个人比较喜欢投资一些偏僻项目，一些尖端科技，一些高科技的项目，一些我个人觉得比较有意思的，比如说像能改变人类生活或是人机交互的项目，比如说像我投了美国Magic Leap，就是我觉得会让你眼前一亮，或许不会在短期内赚多少钱，但是万一出来了，万一像我想象的那么好的话，那这个是一个大的收获。

12. 校长，身边的朋友会找你借钱吧，如果不想借，您怎么措辞呢？如果借了，对方总拖着不还，您怎么办呢？

回答：你这个倒是说错了，身边的朋友很少很少有找我借钱的，但是如果有向我借的，如果真的是我的朋友的话，我会义不容辞地借，但是如果说借了，对方不还，也无所谓，我把他当作朋友，借给他钱，他借了不还，就是当初为什么我把他设为朋友呢，如果不还，就算了吧，买个教训之类的。但是我的经历而言，我身边的朋友都是有借有还的，就是这个情况。

13. 老公，你为什么在微博上关注了我，会不会是点错了又不好意思取关，一定是，真贴心么么哒，你为什么这么贴心？

回答：我在微博上关注的人就几种，一种就是我现实中认识的，一种就是美女，还有一种就是我觉得写东西比较有意思的那种。鉴于你又不是美女，我又不想跟你发生点啥，我现实中又不认识你，那只能说你写东西比较有意思，所以我关注了呗。

14. 众所周知你是不婚主义者，不婚是否代表不生育小孩？如果生育小孩的话，会希望他（她）和你一样是独子吗？

回答：不婚和不育我觉得是两个完全不一样的概念，我觉得不要偷换概念，我应该不会结婚，但是我一定是要小孩子的，我这么优良的基因，必须要有所传承吧，我希望我的孩子会是独子，我这个人本身就比较自私，我觉得我的孩子应该跟我差不多吧，我不希望分散我的爱，所以最好跟我一样，也是个独子。

15. 如果你现在以普通人的身份白手起家，你会选择从什么产业切入？为什么？

回答：如果我是一个普通人，我猜我会选择互联网／移动互联网方向去创业，比如弄个网站或者做个App。因为这种门槛比较低，做大的可能性也比较高。比如像扎克伯格做Facebook的时候，他就是个屌丝，也可以做得这么大。只要你产品做得足够好，就会有人愿意买单！比如像Instagram、Snapchat都不是大公司做出来的。

16. 如果一定要出国留学的话，你觉得应该成年之后去还是成年之前去？为什么？

回答：我觉得要是十二三岁之后再出国的话，就没有什么意义了，特别是成年之后出国，这个是没有什么意义的。因为思想已经固化了，被中国的应试教育在思维上给压缩成这么一个状态了，要出国一定是要在成人之前，出国不是学英语不是学知识，是开发自己的思维模式,开发一个自主判断能力。

17.首富之子、电竞公司董事、网红小王,你希望别人更看重你的哪个身份?

回答:我是一个不大在乎别人怎么看我的人,所以我也不太在乎别人比较看重我哪个身份。在不同的场景之下,不同的身份也许会对我有不同的帮助。将来我也会有更多的标签,一个标签到另外一个标签的成功转化,才是最重要的。

18.你作为亚洲首富的儿子,你人生目前遇到的最大挑战是什么?

回答:这个问题很简单的,作为首富的儿子,最大的挑战一定是,不要辜负大家的期望,能超过父亲吧,所以我觉得最大的挑战是,在我有生之年,超过我父亲成功的这么一个高度吧。

怎么样?够坦诚的了吧!当然,我最欣赏的一句还是他说的"在有生之年,达到超过王健林成功的一个高度"。或许我与您对王思聪的看法不一样,那就先来说说我的认识,大家不要拍砖哈。

> **小贴士**
>
> 这一篇就不需要过多总结了吧。

二、我的认识

我升职为万千百货市场部副总经理的第二年,万达内部的话题除了速度、指标、梦想之外，多了一个王思聪。而从2010年到2014年，是王思聪彻底奠定"国民老公"地位的几年。天下第一网红加富二代，"国民老公"，诸多女孩子要抢着给他生孩子，这些故事大家都是耳熟能详的了。

之所以拿出一个篇章来说他，是因为这期间要写万达的历程，他是绕不过去的一个话题。

首先来看王思聪的经历：

他是1988年出生，大约2010年回国，回国时候的年龄在22岁。而于我，2010年恰恰是升职后迎来的最温暖励志的一年，也是暗藏瓶颈而不自知的一年。在万达，他是少爷，我们一般叫他作"聪少"，虽然我与王思聪的距离，可能还差着10万个林更新，但不妨碍我对他的认知与欣赏，就像不妨碍那么多的嫩模脑残到认他做"国民老公"一样。

他从小学开始的教育，全部是在国外接受的，最后读的大学是英国伦敦大学哲学系，据说学习成绩还不错。

国外学习的哲学是什么呢？当然不是我们的马克思主义哲学。很难想象一个年轻的学生在面对人类很多终极问题的学习时，在自由学术的氛围中，他会形成怎么样的价值观，尤其他还是一个成绩上等的学生。

大家可能不记得了，王思聪自己说过，他其实是一个不婚主义者。你可以用世俗的理念去说他年轻浮躁、不懂人情世故、不知天高地厚，但他看透世界真相的能力应该是远高于多数人的。

他之所以肆无忌惮地在微博上骂一些娱乐明星，固然有其自身好奇的成分在，更多应该也是一种世界观上的看不惯。

比如他骂王菲，很多人可能就不理解了，毕竟王菲是大家喜欢的女歌星啊，不但歌唱得好，而且人也真实自然，在自己大红大紫的时候还坚持自己的爱情，对当时已落魄的窦唯不离不弃，甚至不惜为窦唯去倒尿罐。

可以说，在很多人眼里，王菲是一个天才歌后的标杆，是一个坚持真实自我的女神，还是一个有信仰的人（她信佛），甚至是某种程度上超越世俗的象征。王思聪却批她"可笑无知""封建迷信""丢脸"。

这里面其实有一个认知维度的问题，娱乐圈中的名人多数（不是全部）有着与其成功不相称的知识水平和宇宙洞见，甚至可以说是比较 low 的。

王菲是还算不错，有人拿王菲与李玟对比，王的台风是清纯、真实、超越世俗，李的台风则是狂野、性感、热辣，这是两种风格，你可以选择喜欢任意一种，但从道德表面，王起初的点赞率肯定更高。

然而比较的结果是：王多次恋爱、多次婚姻，李却一直忠于婚姻。有人说是因为李信仰基督教，所以虽然外表狂野，内心却是教徒般忠贞。而王的信佛也是一种信仰，但信的程度却是各不相同。

盘点一下王思聪骂过的明星，最早是张兰、汪小菲，是因为张兰说自己儿子的婚礼受到王健林的照顾，因而酒店免费用，事实上这是张兰的杜撰；骂赵本山是"耍彪的农民，买飞机是装X"；骂范冰冰、张馨予是"没有作品的毯星"；骂章子怡晒英文是"英文装逼"；其他人像宁财神、文章、张翰、王艳、陶晶莹、沈傲君等许多明星都被他骂过。

王思聪是万达集团董事，也持有万达院线的股份。他对很多电影不吝表达出自己的看法，比如他说《赵氏孤儿》陈凯歌"自我感觉良好"，顾长卫的《最爱》"恕我愚蠢，看不出其他寓意"，

《一代宗师》"王家卫真是装了一手好X",甚至对于万达院线出品的系列作品也不放过:如《一步之遥》,没看过《一步之遥》的观众被他称是"躲过一劫";万达出品的《战国》,他认为不就是花一个来亿去捧一个女明星的电影吗?《画皮2》是"任你怎么宣传,画皮2还是屎";《小时代》爱好者则被他要求"请主动取消关注"。

作为娱乐圈裁判,王思聪对于电视栏目也偶尔点评一下,比如上一赛季的《我是歌手》,他指出:"我是唯一觉得这季《我是歌手》伴奏和改编难听的人吗?之前一直觉得梁翘柏很厉害的啊,为何这次搞得这么浮夸……又难听啊。"

对于王思聪的批评,《我是歌手》当然不会怠慢,不久就在微博上反应:"请帮老公做选择:A.报名大众听审;B.立刻出道参加'我是歌手'新声踢馆赛;C.任性冠名第四季;D.放学别走,我们好好聊聊!"

王思聪一早等在那里,他回应说:"我深知自己的表演功底无法担任A,所以我选择D。(C你们别逗自己了你们跟立白绑定得多深大家都知道)"嗯……但是起码这个回复不傻。

一开始大家对于王思聪的微博乱评还不习惯,觉得这个小孩口无遮拦,不知轻重,后来发现,王思聪还真不是不知轻重的人,王思聪对娱乐圈明星和作品的炮轰,并不是言之无物,多数是话糙理不糙,并且被骂的对象要么是大家公认的"装X",要么就是放在全球标准上low得可以的人和事,于是不但网友们看得开心,被骂的人也不真生气了,并且慢慢提高了回应的策略,成为难得的公关题材,因为起码可以提高自己的知名度啊!

所以,很多人表示,王校长真是"为娱乐圈操碎了心"。

他为什么会被人叫作王校长呢?这个还真没有官方的说法。

大致上有几种传言：

一是要从他投资 IG 电竞战队说起，当年王健林拿出 5 亿元，让儿子成立了一家 PE 基金普思投资，任由其自己投资练手，而普思投资首期 5 亿人民币的基金投资了 4 个项目：环球数码、云游控股、九好集团和无锡海古德新技术有限公司。2011 年 8 月 2 日凌晨，王思聪在微博上宣布自己将强势进入电子竞技，整合电子竞技，他收购了 CCM 战队，并将 CCM 更名为 iG，并且获得了 Ti2 冠军，因其原来在 VS 平台上使用的 ID 为王校长，于是被成为校长，后来王思聪自嘲是打炮学校的校长，于是就成了现在大家熟悉的王校长。

还有一种说法是，因为王思聪在外人眼里表现的过于"嚣张"，就被称为"王嚣张"，音同为"王校长"。

本想再替大家扒一扒王思聪的诸多女友，后来想想还是算了，一是他虽然女友多，但基本上是同一种类型，这个诸位在网上都可以搜得到，二是交女朋友这种事，说到底是个人隐私，只是名人的女友被公之于众了，而很多普通人交往的男女朋友不见得少，但没有关心而已。

我以前在青岛巴黎春天的时候，有一个哥们，人长得帅，又有文采，在《瑞丽》《知音》等杂志发表过很多文章，他的女友仅我知道的就不下 10 个，而最令人吃惊的是他曾同时与三个女孩交往，当然最后选了个最丑的、但是国外知名大学留学回来的军人家庭的女孩结婚，现在是两个儿子的父亲了。

很多人对于王思聪其实是从内心抵制的，原因至少有二：

一是如果不是有个首富的父亲，你可能什么都不是，所以你现在的一切没什么了不起；

二是作为富二代，你却又这么高调，女朋友还这么多，还

"国民老公",一定是人品有问题。

其实,从世俗成功学的意义上,王思聪还是值得借鉴学习的。

他 2010 年刚回国时,除了有个富豪老爸之外,自己并没有独特价值和社会认可。回国时刚刚 22 岁,恰好也是多数大学本科毕业生的年龄。

如果是你,你会怎么做呢?

考取公务员或找份高大上的企事业单位的工作,然后低调地做人做事,若干年后熬出头来?或者去创业,历经九死一生,最终若干年后取得成功?考研?啃老?或者如果你是漂亮女生,有资格认个干爹?

我想无论做什么,如果在短时间内实现成功的飞跃,必然是个小概率事件。而富二代其实很多,如何成为与众不同且具备世俗意义上的成功和自我价值体现的富二代,真的不是每个人都能做好的。

思聪是怎么做的呢?

首先利用微博平台,通过指点娱乐圈迅速成为网红,甚至是第一网红,这一点连他老爸王健林都做不到,也就是因为他不屑于网红商业化而已,但从求名的角度已经成功。

同时他并非有些人口中的不知天高地厚的小孩,而是一个知道哪些该骂、哪些不该骂的聪明人,法律、政治的底线他不去触碰。

好,求名已得名;接下来可以谈谈求利了。

他是万达集团的董事,本身也占有一定股份,如果他要到万达任职,王董事长肯定会给他一个合适的锻炼机会慢慢成长。

不过王思聪并未选择到万达集团工作,他利用父亲的资助,成立了自己的普思投资,最关键的是他不但没有赔钱,而且每年的回报率都非常高,自己的身价在2015年就已经达到了40亿!我们见过富二代败光老子给的钱的,但一个22岁的小孩起步稳扎稳打,步步为营地赢得自己的独立价值的富二代,真的少之又少。

由此可见,桀骜不驯、放荡不羁只是他的外表,而真实的他自己,却极有可能是一个精明的投资人。

> **小贴士**
>
> 海归、任性、高调,却一步步求名得名、求利得利,这个真的不是一般富二代所能达到的。最关键的是,他真的并不脑残。

三、他的事业

有人说,王思聪成为网红,是为万达集团进行品牌推广提供便利。

对这个问题的观点,首先从我作为万达集团内部员工就不认可。

首先,万达集团的知名度在王思聪成为网红之前就已经家喻户晓,商业地产第一、电影院线第一、高星级酒店第一的地位是靠市场规模来定义出来的。

其次,一个基本逻辑路径是,是万达集团和王健林的知名度成就了王思聪,而不是相反。

最后,从我们自身的工作来说,倒曾有过想借王思聪的影响力请他来宣传商场营销活动的想法,但集团的指示是绝不允许,当然主要还是缘于王健林董事长对此类事情的坚决反对。

有一次接受采访，某媒体问王健林，是不是借助王思聪来为万达营销。

王老板的反应是：瞎扯，万达需要他来营销？！万达不需要这些东西，万达需要营销多少亿的人口，我们希望是全覆盖，从2岁到70岁，我们不希望只是一小部分粉丝。

呵呵，对于王思聪的1000多万粉丝，王健林的态度是"瞧不上"。而前期网上曾有一篇文章，叫作《你陪王思聪刷了一年的微博，但你知道他赚了多少钱吗》，正值网红经济大行其道的2016年，王思聪作为资深网红，从赚钱的角度却是"羊毛出在狗身上，让猪买单"的行家里手，而他自己最近更新微博的频次也大大降低了，不知是受父亲教诲的影响，还是他的普思投资让他越来越忙的原因。

好吧，我在这里就认真地帮大家扒一扒王思聪的普思公司的投资成绩单，先来看一下他参与持股或控股的上市公司：

2013年投资游戏研发发行公司云游控股半年后，公司即在香港上市，若在彼时上市时即退出，账面回报超1.81倍，而根据《投资界》的独家消息，这一项目早已成功退出；

2013年，作为基石投资者投资的殡葬行业领军企业福寿园登陆港交所；

2014年，另一基石投资项目天鸽互动也成功在港交所上市；

2014年，在乐逗游戏上市前夕普思投资以590万美元投资，神奇之处在于乐逗的腾讯系和联想系投资方拒绝稀释，乐逗CEO硬是从自己兜里掏出了1.3%的股权给王思聪，而按照其上市发行价计算，足足可获5倍回报；

2015年，其一年前参与C轮投资的先导股份成功在创业板上市，并一路飘红，2016年下半年逆势上涨，已是创业板的明星企业；

8个月前投资的电影特效公司Dexter于2015年底在韩国上市，内部人士透露说，彼时在项目池中，王思聪一眼看中，立即行动成为公司第二大股东，而随着公司登陆资本市场，王思聪在8个月时间狠狠赚了3倍；

定向增发了2015年2月让他浮盈几千万的园林绿化企业棕榈园林；

2015年9月投资的电竞公司英雄互娱3个月后登陆新三板；

……

当然，还不乏一些未公开的数据。据说，业内甚至给此类股起了一个动人心魄的名字——王思聪概念股！

还有一些目前虽未上市、但极可能成为独角兽的公司，王思聪也眼光独到地参与了其中：

比如美团、大众点评背后的投资方，除了大家知道的腾讯、阿里、沈南鹏之外，其实还有王思聪旗下的普思投资；

2015年5月，普思投资以8亿人民币成为乐视体育首轮投资方，据2016年初的传言称，乐视体育已完成B轮融资，估值已达40亿美元，这是普思投资在体育行业方面的首投，也是估值暴涨的一笔投资；

此外，普思资本还曾投资大数据公司Palantir，如今一年多时间，估值已翻了一倍多，虽然这家硅谷高科技公司并不鲜为人知，然其估值目前已冲高至200亿美元！

有人可能会觉得，只要有钱，投资是最容易的事情了。其实，这才是大错特错了！

通过这些年的历练和观察，我发现人与人之间最根本的差异在于花钱上的差别，由此造就了命运的差别！

面对金钱，没有安全感的人通常选择存银行，这个我们就不讨论了；有些人去理财，在中国，你理财敢说有持久回报的也不多，但好在风险虽有却不是最大；钱的最高级别的风险，就是把钱看作实现自己人生价值的手段，用钱来投资、创业，这个成功概率不到1%，而能做到财富顶层的又绝对是凤毛麟角，甚至是比中万亿彩票的几率还小的。

比如马云、王健林、任正非等，这些人绝对是百年难遇的商业领袖，即便与以前的胡雪岩、盛怀宣、荣氏家族等相比，也已是远远超越这些家族的成就的！

当然我个人认为马云的成就会更高一些，因为在这三个人的年龄中，任总比王总大10岁，而王总又比马总大10岁，马云还有更大的想象空间。

对比以上大咖们，当然我们的聪少还差得太远，不过他可不仅仅是在投资上表现出天赋。在识人用人上，他也颇有大将风度。

大家知道中央电视台著名的体育节目主持人段暄吧，他曾跟黄健翔、刘建宏一起被称为央视体育频道三剑客，在黄、刘先后离开央视以后，段暄最终选择了为王思聪打工。

段暄是足球记者兼解说员，但他后来在游戏圈成为标杆式的人物。他自己是这么认为的："有时候我甚至觉得，一个人的成功，有时候非常需要运气。"而他指的成功和运气是指，他曾短暂主持一年的《电子竞技世界》这档节目，这档节目播出以后，很快获得了很好的口碑与收视率；因为这档节目，他认识了很多电竞圈的人物，通过这些朋友，又让他认识了王思聪，而王思聪是段暄后来离职央视跳槽前往担任CEO的香蕉计划体育的投资人。

当时成立香蕉计划体育后，为了寻觅合适的 CEO，王思聪曾两次约谈年龄大自己 16 岁的段暄，最终促使后者下定决心离开毕业后就留下并成就了自己的央视。

对于为何投奔王思聪，段暄自己是这么说的："王思聪对产业的整体布局非常吸引我，都是与'泛娱乐'有关，无论在体育还是电竞发展上，我们都有很多共识。"

而在出任香蕉计划体育 CEO 后不久，段暄在微博上写下了这样的文字：开工，干活，欢迎热爱体育、有梦想的小伙伴加入。

这里不得不说一下王思聪的香蕉计划，呵呵，这个让人意淫的名字却是据说要下一盘很大的棋。他曾在 2015 年签下韩国女团 T-ara，顺便成立了经纪公司"香蕉计划"。韩国女团 T-ara 的公开成员为朴智妍、咸恩静、朴孝敏、全宝蓝、李居丽、朴昭妍 6 人，并在 2016 年 1 月亮相王思聪的生日会，迅速被中国网友所熟知。

这个计划到底有多牛呢？目前还无法下结论，只是要透露给大家的是，香蕉计划绝非只做单一领域，而是包括了体育、经纪、娱乐、电竞、影视等多个业务范畴，不仅踩准了去地产化的国家产业政策调整的步伐，而且又与万达集团的旅游、文化产业战略不谋而合，这样便留给了人们无尽的想象空间。王思聪究竟是玩世不恭的花花公子，还是未来不可限量的文化娱乐大亨，这个留给时间检验吧。

小贴士

大家记住，事业是检验一个男人的最佳标准。

四、他与万达互相影响

跟父亲王健林董事长不同，我们很少在万达集团总部的写字楼里见到王思聪。

倒是有几次万达新项目开业，王思聪也在，但多数时候都比较低调。

有一次令人印象深刻的高调，就是在2014年12月底，万达武汉汉街项目的汉秀发布会上，他携自己当时的新女友张予曦亮相了。当时张予曦接受采访时，也自称是王思聪的女友。这次出席活动的层级还是比较高的，嘉宾包括英国、俄罗斯、西班牙、比利时、奥地利、新西兰、突尼斯等国驻华大使，张艺谋、徐沛东、杨丽萍和东方歌舞团团长何利山、中央芭蕾舞团团长冯英等文化名人。但是说起来，带给汉秀最大曝光量的，无疑是这次王思聪及其正牌女友的出现。

王思聪可能影响了万达，在对外借势宣传上更加高调，而万达集团的对内高调也使王思聪享受到高规格的"聪少"待遇。举几个媒体曝光的采访花絮吧。

花絮一：这是王思聪来第一次接受媒体群访，当记者们把大约八个麦递到他胸前时，他下意识地往后一闪：嚯，这么多麦克风。他还指着摄影师的机头灯说：这能关了吗，这也太亮了。

花絮二：办活动不易，伺候少爷更难，群访前，一位保安突然把一位摄影大哥的包扔到地上，大家错愕不已，还以为是掐架的节奏。谁知那位保安惊恐地说："王总马上就要过来了！我得清理一下这！他一会得坐这休息！"

花絮三：果真，王思聪一进群访间就一屁股坐在沙发上，一位戴眼镜的女员工弯着腰问："王总那咱们现在能开始采访了吗？"王思聪说："我都行啊。"随后便站起身来。可当看到一众摄像机蜂拥而至时，他显然有些后悔，眉头一皱，对眼镜女说："能不能不采访啊，能取消了吗？"眼镜女慌张不已，连声劝道："再坚持一会，再坚持一会，很快就完，很快就完。"正式采访前，一位工作人员递来一杯水，这边王思聪喝水，那边眼镜女连忙安抚久等了的媒体："王总喝完了水，马上采。"

王思聪虽未在万达集团正式工作，但他以及这个时代带给万达不少转变。其中之一是万达集团及王健林董事长是越来越高调地宣传自己了。以前的万达是对内高调、对外低调，比如王董事长的报告、采访在集团肯定是我们要反复学习的，王董事长的参加集团内部活动，下面的执行者们都是一级心理戒备，唯恐出一丝纰漏，但集团对外宣传却是很谨慎。很多年前，胡润富豪榜把王健林列入中国富豪之一，万达集团当时还要起诉这个英国哥们呢，但现在不但坦然接受，还会借势宣传万达品牌及文化。

打开万达集团的网站，有一个王健林专区，其中媒体的重要采访报道，都有一个非常全面的整理展示，这项工作归口集团企业文化部，部门总经理是原《京华时报》副总编辑刘明胜，最近几年针对王健林董事长的媒体报道越来越强大，也与刘总的工作有很大关系。

我们来看一下近期的主流媒体视点：

王健林：一个超级"IP"的诞生（新华网）；

万达赞助FIFA，中国申办世界杯不是梦（《新京报》）；

就这样，万达成为全球第一大影院运营商（虎嗅）；

王健林牛津演讲：世界这么大，我要闯一闯（腾讯财经）；

摇滚网王健林视频点量20天超20亿（人民网）

凭什么，中国首富可以教外国人做生意（智谷趋势）

……

当然还有很多，大家可能有注意到，近几年王健林在年会上的即兴演唱成为新闻头条，他的《假行僧》《父亲的草原母亲的河》等在网上点击量创造了企业家热点点击的纪录！这毫无疑问，是万达和王健林董事长对外高调宣传的策略转变有关。在几年前，这根本是不可想象的！

王思聪可能带来的对万达集团的另一个重要影响，就是互联网业务的发展和轻资产模式的转型。可能有人记得，万达最早开始做的互联网模式是基于大会员大数据的万汇网。当时万达集团的想法是，把线下的会员及顾客消费数据链接到线上，形成招商调整的决策依据和会员消费服务的增值化，并且通过万汇卡打通百货零售、电影院线、餐饮、文化娱乐、酒店等万达广场内的多个业态，形成统一积分、统一兑换、消费支付及资金沉淀的一卡通模式，基于对此项目未来的看好，王思聪花掉 6000 万元购买了 wanda.com 这一域名，该域名注册于 1998 年，当时还是互联网发展的蛮荒阶段，曾一直在一个厦门投资者手中，后来被南京的徐先明购入，再高价卖给了王思聪。当时万达实际上已经有 wanda.cn 及 wanda.com.cn 的域名，但一直缺失 wanda.com，而后者被王思聪高价购入后，外界被这一举动惊呆了："霸气，老子不买儿子买""钱不是万能的，钱是万达的"！

王健林曾表示，对于王思聪是否要接班，一是看他自己的能力和下面老臣们对他的信服度，二是他本人也得愿意才行。问题的关键在于，对于万达集团一直以来的像开发房地产、盖商场等这种重资产的传统型业务，王思聪并不感兴趣。通过了解他的普思投资就知道，他感兴趣的是电竞、文化、体育、互联网、高科技等领域，但万达要做互联网，王思聪就有些动心了。

　　万达的互联网经历了大会员大数据的万汇网、基于购物中心O2O的腾百万以及基于数据及金融的飞凡网三个阶段。简单回顾一下：最早的万汇网CEO是阿里巴巴的技术总监龚义涛，两年后离开；后来联合腾讯、百度成立飞凡网，要做O2O平台，CEO是原佳品网COO董策，董策曾一度得到王健林董事长的表扬，因为他汇报及PPT做得好，后来却被迫离职，因为汇报没有落地，并被王董事长怒气冲冲骂，说他没有任何建树；后来800万年薪悬赏到了芒果网的CEO李进岭（据说可能更高待遇），但万达集团已经意识到O2O没有商业模式的问题，所以，电商的飞凡网目前是在万达金融集团的旗下，是通过大数据为金融服务的。

　　而王思聪已经悄悄介入了万达电商的管理中。当时我在万达的时候，董策在很多方面实际上是向王思聪汇报的，而最初不顾实际效果而大肆通过补贴发展会员的方法被叫停，就是王思聪的意见。

　　与此同时，万达去房地产化和轻资产转型，又是一个震惊业界的巨大事件。

　　我们无从知道这是不是王思聪在王健林董事长耳边吹风的结果，只是看到，这种转型的思维，恰恰是聪少一直秉承的。

　　在这里给大家普及一下，万达的轻资产模式，就是万达集团不再自己拿地、自己建房子，不再以楼盘及商铺销售作为盈利手段，而是与当地的地产公司合作，由对方拿地建设，万达提供万达广场品牌授权及管理输出，包括前期调研、商业规划筹建、招商运营、市场营销等一系列服务。这种模式，在五星级酒店行业最为突出，比如中国的五星级酒店管理方多数是国外的酒店管理公司，如喜来登、索菲特、希尔顿、万豪等。当然，万达也不信邪，在与国外酒店管理公司合作过程中，积累自己的力量，成立了自己的高星级酒店管理公司，旗下品牌分别是瑞华、文华、万华等，并且越做越好。

万达说转型，是有计划、有步骤、有预算、有管控的。第一步，直接把房地产销售目标降低，2016 年的目标定为 1000 亿，同比 2015 年的 1600 亿，下调幅度 40%；第二步，组织架构大幅度调整，最明显的是地产项目公司编制锐减，网上有一个"万达裁掉万达"的说法，传言说约 5 万名万达员工面临新的抉择。其中，管控组织体系的人员精简涉及约 2 万人。

王健林董事长让具有强硬手段的万达商业董事长丁本锡着手负责调整万达商业的组织架构。第一是减少层级，将万达商业架构从总部—项目管理中心—分部—地方公司变成总部—分部—地方公司，直接由副总对接分部。万达过去有文旅、北区、中区、南区四大项目管理中心，为了贯彻轻资产战略，在新的编制中，除原本就以轻资产运营的文旅项目外，其他三大项目管理中心均被撤销。

而有意思的是，王健林在年会上宣布万达第四次转型后，高唱一曲《假行僧》："我有这千山和万水，我要这所有的所有，但不要恨和悔，要爱上我，你就别怕后悔，因有一天我要远走高飞，我不想留在一个地方，也不愿有人跟随"。

如果转型成功，万达真正具有世界级影响力的产业，除却商业地产之外（必须用轻资产模式加快发展步伐），还有文化和金融，而后两者，每一个都会是独角兽！如果要接班，这才是王思聪感兴趣的。

还有一个大家更能感受到的影响，就是跨国并购。当然很难说这是王思聪带来的影响，但万达的高频国际化却是王思聪回国两年后开始发动的。

继2012年收购北美院线AMC之后，万达的影院已经是世界第一名。而随后展开的购买行动，简直可以用迅雷不及掩耳之势来形容。随便拿出几个来都是世界级的收购：收购英国圣汐游艇公司、在英国伦敦建五星级酒店、收购西班牙大厦、收购马德里竞技20%股份、并购世界铁人成为全球最大体育公司、控股瑞士盈方体育68.2%的股份、收购美国拥有《盗梦空间》《魔兽世界》《蝙蝠侠》等版权的传奇影业……

或许你已经注意到，王思聪的普思公司投资与万达集团的投资几乎在同一频道上进行着全球范围内优质资产的并购。

前文所说聪少的并购主要在高科技、网络游戏、文化娱乐、电视体育等领域，绝对的轻资产，而万达集团王建林董事长的投资，主要是酒店、院线、影业、地产、体育、商业零售、金融等领域，二者在文化娱乐、体育甚至旅游等领域有着十分密切的相关关系，王思聪更偏重软性及IP的创造，王健林更偏重硬件和系统产业链的完整性，从以前的王思聪看不上万达集团的传统产业模式，到后来双方几乎是同频动作，这绝对不是一个巧合。

王健林董事长对于王思聪所从事的领域及所谓的工作，原来是看不上，后来是看不懂，但现在已经彻底扭转了看法。近期接受著名电视栏目采访，他这样评价自己的宝贝儿子："当年他（王思聪）跟我说要做电竞时，我觉得完全不可思议。现在看真是，这个行业被带动起来了，包括他最早做直播，现在看来还是我们这一代的企业家有劣势地方。"

而对于万达集团与王思聪的关系，或者父亲与儿子的工作合作关系究竟会怎样，王健林董事长表示："王思聪有他自己个人的公司，我的是股份公司，我做我的，他做他的。如果有一天邀请我到他的直播平台亮相一下，为他攒一些人气，我肯定会去，并且不收费。"

当再次被抛出是否考虑让儿子接班的问题时，王健林说："不是我要考虑他，他自己不愿意，他有他自己的生活目标，可能觉得在这个位置上做得太累了。他（王思聪）有自己的想法，他愿意自己过更有自己个性的生活。"

好吧，万达越来越火，王思聪也越来越成功。而我作为一个在万达工作多年的职业经理人，从员工做到了集团高管高职，现在却已然离开。

不过，偶尔听到万达的消息，说王健林又到国外收购谁谁谁了，王思聪又签下哪个少女天团了，万达城要赶超迪士尼并且让对方在上海二十年无法盈利了，等等，还是会心底泛起一丝波澜。

当然，现在虽有波澜，却不像当年的那一次，就是从济南离开的那一次，只有上帝知道我当初有多么的百转千回、刻骨铭心。

> **小贴士**
>
> 　　大家有没有注意到，王健林评价儿子，原来是带有一些恨铁不成钢的无奈的，两人不仅有代沟，而且文化观念差异巨大；但王思聪的变化，慢慢让王健林开始有了一丝丝的自豪感了，这个真的很有意思。

第八章　转战港企

一、济南店再变

2012年7月份，对我跟老崔，对济南万达百货，都是极为不平凡的一个月份。

这个月份，济南万达百货历史性地完成了上半年收入及净利润指标；这个月份，我们去了深圳，看到了另外的天空；这个月份，济南店的同事们大概看出了总经办领导们似乎在寻找后路。

而我觉得，此时此刻，尤其是总部也进行了大面积高管调整的时期，作为老万达人，自己更是有责任、有义务站出来，提振员工士气、夯实规划及指标达成的各项工作。

于是，在一次早会上，我借用马云曾经对团队说话的句式来勉励我们的所有管理者，我说："在万达，尤其是万达百货，我们没法承诺你更高的工资待遇，没法承诺你在这里可以轻轻松松地度过每一天，甚至没法承诺你按照国家规定的朝九晚五而不用加班加点，但是，我们会承诺你的是，这里会给你压力、会给你挫折，甚至给你无法解释的委屈，而所有你承受的这些，终将变成自己的宝贵财富，而我们也终将一起实现万达百货国内第一连锁百货的梦想！"

现在想想似乎有些幼稚可笑，但当初的我内心却是坚定的。

尤其有一个我面试过的女装招商经理，原来是天虹商场的，在深圳和威海做过，因为给的工资待遇没有达到她的预期，并且也得知济南万达百货面临着巨大的招调压力，因此她本来不打算来万达了，就因为我对她的一次复试，她说自己被我感染到了，表示愿意留下来，一起实现共同的梦想。

具体我是怎么说的记不清了，大致好像是这样几个意思：一是国内其实不缺乏百货，而百货商场面临的外部环境也是从未有过的，但是万达百货成立至今5年时间，却在做着不一样的事，这个事就是改写中国百货业的行业规则，连锁化和购物中心化，这两个趋势万达百货是占得了先机；与此同时，万达百货与其他商场不一样的特质是，我们是真正将服务供应商、服务顾客、服务员工写在了工作标准当中，并且作为对内部管理的考核，而做一个与众不同的树立行业新风的百货店，就是济南万达百货的目标，所以，这次调整我们将真正形成济南第一家精致潮流店，彻底引领济南商业的流行风尚，同时还会成为一家受到行业尊重的公司。

我没想到这样的谈话竟会真正影响一个女孩的职业选择，她最终选择了济南万达百货，并且坚持了好多年，直到最后济南店关店。

我当年是不会想到济南万达百货有一天会关掉，这个店曾经寄托了多少人的厚望和热爱啊！

记得当时我发现济南店会员的基础比较薄弱，并且管理和服务也没跟上来，突然想到如果每家店有10万个有效会员，100家店就1000万会员，面向这些会员有更好的互动和服务，这会产生多大的价值啊！

于是我给丁总发了一条短信，大意就是会员工作应该成为万达百货的重要工作。不一会儿，丁总回复，大意是：会员体系建设和提升计划是应该要认真抓一下。

当然，这个会员计划并没有来得及得到真正实施，大家也传言丁总在总部其实也越来越难干了。

而此时，香港卡撒天娇集团的副董事长兼大陆公司董事长Ricky即郑斯灿郑总来济南拜访了。这就是老潮汕人的做派，为了生意或人才，他们愿意屈尊三顾茅庐，当然此次只能算是一顾。

老崔领着郑总参观了济南万达百货，并邀请到办公室喝茶。老崔尚茶道与中国文化，管财务的田新锋副总经理调到了西安做区域财务副总经理了，腾出来的办公室便做了个简易茶室。

这里顺便再说一下财务系统的升迁之快，的确说明总部晓风总愿意培养下属并给机会，这些当年还在我之下的经理们一来二去都成了副总经理、区域副总经理及总部财务部总经理了，而当年的财务部总经理陈秀英、黄朔更是扶摇直上，黄总现在已是万达院线上市公司的副总裁了。我们当然没有这么好的机缘，在百货干业务的人都是非常辛苦的。

说回老崔的茶室。郑总边喝茶边听老崔讲饮茶文化，大家也是相谈甚欢。晚上，济南万达百货班子成员加几个部门经理一起宴请郑总，山东人喝酒规矩多，郑总只是笑笑，并不多饮，这也是香港人与内地人的区别。

酒足饭饱，郑总又表达了邀请老崔跟我一起去深圳的意思，并初步承诺公司上市会有部分期权奖励。我看得出，老崔这次可能是动真格的了。

香港郑总走后，老崔几经思忖，终于下定决心要去深圳了，于是便向总部提出了辞职。而此时，总部恰好给济南店的几个总经办成员都加了一次工资。

我问老崔:"公司都给你加了工资了,表示丁总对你工作是认可的,你还要走啊?"老崔反问:"你觉得这点儿钱我会看在眼里吗?"

是的,如果老崔去卡撒天娇,工资待遇是他原来的近3倍,并且还将有至少100万股的期权。

老崔离开之前给丁总打了一个多小时的电话,看得出他离开之际也动了感情,打完电话跟我说丁总也觉得很可惜,并且有很多事情他也无法完全决定了。"唉,"老崔叹口气说,"要离开了,自己的心情并不好受。"

他劝我一起去深圳,并且初步跟香港老板郑总沟通完我的待遇,月薪税后4万,还有期权,说郑总会亲自跟我谈。此时的我依然不想离开万达,便开玩笑说:"你先去探探路,如果好的话,我再过去。"老崔就说:"好,那我在深圳等你。"

老崔离开了万达,离开了他一手提携的诸多兄弟姐妹们,离开了他熟悉又骄傲的济南商圈,带着些许遗憾及对未来的憧憬。

我开始更加努力地工作,以尽量弥补老崔离开对团队的震动。然而没多久,集团新招聘了一位来自潍坊中百的总经理,来做济南万达的店总经理,据说工资待遇是月薪4.5万元,再加外派补贴,待遇接近5万。

她是很有经验的百货商场一线操盘者,是总部王亮行总大力推荐过来的,跟随亮行总凡十余年。

李总风格比较务实,她的眼光更多是盯在运营现场,因此她对来万达需要开那么多的会、提交总部那么多的表格图纸表示不理解。

这其实是老百货人的特点,就是他们懂怎么去做现场、做招商、做定位规划，但你要他们头头是道、条理清晰又有高度地去理论化总结，却不是长项了。李总来之后，边看边做，表面比较柔和，内心却非常有原则。

很快，她提出了与我们原来定位规划不同的看法，最主要的表现有两条，一是她不赞成一层做成潮流时尚，而是要把鞋从三楼挪到一楼（我们当时的规划是一层做潮流时尚、二层做鞋）；二是二层引进大淑女装，而我们原来的规划中是没有大女装的。

当时亮行总来济南店主持定位调整的讨论会，在会上我提出两点：

一是济南店有较好的潮流及二线精品的品牌基础，如CK Jeans、HAZZYS等销售业绩不错，同时又洽谈了REPALY、ARMANI COLLECTION及GUESS等品牌，这些品牌均表示有意向合作，如果放弃有点可惜；

二是通过对万达广场客群分析，主要是时尚年轻顾客，如果做大女装，不但与2公里内的银座、贵和有定位冲突和资源争夺，同时也与万达广场客群不符。

亮行总提议参会者都说说看法，会上大家更多是支持原来精致潮流定位。亮行总提出自己的看法，就是定位调整不能过于理想化而不落地，同时作为百货，品类规划要合理并且尽量照顾到多种需求，如果没有多种需求的组合，单凭几个所谓优势品类很难做出氛围，所以他甚至认为，在增加大女装之余，还可以在其他楼层的边边角角增加一些家杂家用、花艺办公、电子数码等小类。而我们当初的思路则是，缩减男正装、大女装，去掉家居家用品项，强化潮牌、少女装、女鞋等。

这两种策略的区别在于：一个是做加法，一个是做减法。

近些年的迹象表明，购物中心做品类加法是对的，百货做减法是对的。当时我是不服气的，但后来我觉得亮行总的方法也有可取之处，最主要的因素就是万达广场客流每天平均4万—5万，百货做品类延伸和服务体验延伸，也是一条路子，这恰恰符合后来集合店、体验店的路数。

集团和总部最终确定了亮行总的调整思路，由李总负责实施。后来为什么失败了呢？原因多方面，但核心原因是：济南店调整中放弃了原有的优势后，新引进的品牌也没完全到位，加之亮行总和李总先后从万达离开，经过诸番折腾，济南店走向了彻底衰落。

当我们原来提报获得赞誉并审批通过的济南店定位调整方案再次被推翻，由李总亲自拟定新的方案的时候，我突然发现，我在济南店的工作价值由老崔在时的"发动机"变为跟着走的"普通齿轮"了，这是我没想到的！也是在心理上完全没有准备的。

此刻，我已在万达工作了四年，从总部到地方，从经理到副总经理，虽历经多位领导，但毕竟都是独当一面的角色，我承认，尤其到了地方公司，我不甘于做个配角，这与我当初死命申请从总部下到地方的初衷也不符。

一边是万达变局让我措手不及，一边是香港老板的呼唤及老崔在深圳的等待，我的内心开始动摇，慢慢也萌发了去意。

> **小贴士**
>
> 我苦心运作最终回到区域、门店，为的就是一展身手，而失去这样的机会，便是我离开万达的内因。

二、香港老板的三个电话

就在我萌发离开万达之意时，Ricky 给我来了第一个电话。

电话中，他问我："老崔已经来深圳了，你什么时候过来啊？"

我说还要再考虑一下。

他又说，这次卡撒天娇上市，他可以拿出 100 万股到 400 万股之间的期权来分给我。

我停顿了一下，没有说话。

他进一步解释了一下，说这次在香港上市，发行的股本是 4 亿股，发行价是 1.4 元，行权价是 1.2 元，给公司高管配期权，每个人的份额不能超过 1%，也就是 400 万股，但肯定是 100 万股以上。

Ricky 给我打电话后，第二天老崔又打过电话来。

我问他在新公司怎么样，他表示很不错，正在熟悉当中，并劝我抓紧离职，抓紧到深圳，说那边两个老板都等着呢。

我说我女儿明年就要上小学了，如果离开万达去深圳，那边小学不好解决啊。老崔听后说跟 Ricky 说一下，看他有什么办法。

很快，Ricky 的第二个电话打来了。他说小学的事情老崔跟他说了，他已经托人找到了深圳最著名的小学之一莲花小学的人，并且公司也能提供长期工作居住证等各种手续办理，可以解决女儿明年上小学的问题。

我有一些感动了，便回答 Ricky 说："感谢郑总这么看重我，您给我一点时间，我跟公司提离职，即便过去深圳也可能没那么快。"Ricky 很高兴，说："那我就在深圳等你了！"

好吧，我终于决定要跟公司提出离职了！

我跟丁总、志宇总与王枫总都通过短信或电话的方式提出了离职的愿望，主要理由是万达的变化已经让人找不到做事的成就感了。

丁总短信回复希望我再考虑一下，并表示万达近期变化只是暂时的，而在这变化中也才能真正发觉要坚持的东西。

很快，志宇总的电话从北京打过来。他说跟丁总有过沟通，希望我能留下来，如果在济南做得不顺心、觉得不能发挥，可以选其他地方，并且举了几个例子如天津等，但我听得出总部对我的定位似乎还是业务型的副总经理，并没有直接让我做店总的意思。我跟志宇总说，我其实还是希望能够独立负责一个店，他说这个也没问题，只是我还需要一点时间去过渡、成长，到时可以安排一个店让我去做总经理。

我说："十分感谢领导的关爱，我再考虑一下。"

这时，青岛李沧万达百货即将开业了，分管筹建的王枫总来到了青岛。他给我打电话，说希望我过去青岛聊一下。

我跟李总请假，说总部王枫总让我去青岛聊点事儿。她知道我提出离职的事情了，连声说希望我好好跟领导谈，一定要留下来，在万达这么多年，离开太可惜了。

高铁到达青岛的时候已然是傍晚，青岛店专门派司机接送我到酒店。本来我打电话给枫总是要去李沧店的，枫总正在那给他们开会，让我等他，不用过去店里。

此时已是华灯初上，青岛的夜晚在夏日海风的吹拂下泛起浪漫的味道。我想枫总应该是开完会跟门店的人吃晚饭后才找我，于是我短信问张强（他正好过去李沧店做市场部经理），张强说枫总开完会并没有准备跟他们吃饭，要离开了。这时，枫总电话我，让我找一个吃烧烤的地方，说咱们兄弟们喝一点儿。

我于是就在我住的酒店附近的延吉路周边找了一家几年前我

就吃过的烧烤店,坐等枫总到来。顺便说一下,青岛的烧烤从我个人体验上讲是最好吃的烧烤,主要是好在牛板筋、牛心管、鱿鱼头、鱿鱼芽、鱿鱼爪、多味鱼等食材和工艺上,地道、新鲜、入味、口感好,记得知名网红大V作业本也是从青岛出来的,他对青岛烧烤也是评价极高;而济南夏天也是烧烤啤酒满街,尤其是每个周末有鲁能队比赛的时间,更是人群爆满,但我吃了几次,包括他们极力推荐的回民街,却总感觉一般;北京的烧烤也有不错的,但需要眼光和别人推荐,烧烤虽多,好店却少,能碰上更属不易;至于后来去了深圳,吃南方的烧烤,总也不如青岛的口感和劲道,包括号称奥巴马弟弟开的在香蜜湖的木屋烧烤,也不过如此而已。

枫总到了,我们一人一扎啤酒,撸着串,喝着啤酒,他说与丁总沟通过我的事情,这次一方面代表丁总代表公司,另一方面更代表兄弟感情来跟我聊一聊。

我十分感动,这就是我美好印象中的万达和领导们,后期则完全不同了。我向枫总敬着纯正地道的青岛啤酒,也开始讲了我要离开万达的另一重原因:那就是去香港卡撒天娇集团,到深圳任大陆地区的副总经理,分管市场营销、商品运营等工作。

枫总也得知了我到那边去的年薪和期权,自然是高于目前万达所能给的。不过,他的话我却很有印象,并且也最终得到验证,他说:"你去深圳,城市也不错,待遇也不错,只是去那里拿你这个4万月工资的人没几个,而在万达你慢慢地也会达到这个薪酬,并且你是其中的很多人之一,你看你们济南店的李总不就是4.5万(税前)嘛,意思就是你在万达拿四五万月薪,既正常又安全,而在深圳拿这个工资,恐怕就要付出更多,并且不一定能确保拿多长时间。"

事后证明，因为种种原因，更多是我自己的原因吧，我在卡撒天娇不到两年就离开了。

枫总继续表达公司的意思，如果我想继续留在万达，只要目前的总部领导班子在，我的工资和职务会慢慢调上来，并且现在如果不想待在济南，可以选其他城市，也可以选择回总部，要是回总部，可以自己挑愿意去哪个部门。

我心里有些被打动了，我说我对会员管理有些兴趣。枫总说："可以啊，回来总部你可以专门负责这项工作。"

夜色已深，我们的酒喝了不少。我说其实很矛盾，一方面万达变成这个样子，很多人都在离开，另一方面又有很深的感情在，对公司，对领导和同事们。枫总说："你回去考虑一下，无论选择是走还是留，我们都能理解。"

我说："好，我考虑几天，尽快给您答复。"

结果第二天我刚回到济南，又接到了 Ricky 的第三个电话。他问我有没有护照，我说有。

他说公司准备在明年 1 月份去趟德国法兰克福，参加一个国际家居用品展，说让我抓紧把护照及相关个人信息告诉他的秘书 Hio，让她帮我办理赴德国的签证。

我在万达虽然几乎去遍了国内的大江南北长城内外，北到哈尔滨，南到广深，东到苏杭上海，西到宁夏银川，在总部 3 年时间，跟随万达广场和万达百货开店脚步，跑了不下 50 个城市，但就是没有因公出过国。在万达，出国审批是比较严格的，2011年 10 月左右，刘绫搞了一个"带着爱去旅行"的歌诗达邮轮韩日之旅，本来我都准备好作为活动评委前往了，后来一个命令下来，说不准去，于是只好作罢。

并且，卡撒天娇老板郑总相当于是一顾茅庐加三个电话，我觉得诚意满满，颇受打动；同时，老崔的一句话更使我下了最终的决心：你在万达，你永远不可能与老板对话，最高对话层级是总裁助理、副总裁就了不得了，而这里，你直接跟老板对话、向老板负责，虽然公司规模不如万达，但好歹也是个香港上市公司，这是不一样的。

末了，他又说了一句："我觉得我们要从职业经理人向事业经理人过渡，职业经理人和事业经理人是不一样的，你自己琢磨琢磨。"

曾经，我是把企业的梦想当作自己的梦想，并坚持认为这是正确的。而万达百货厦门湖里店一个店总则说：谁把老板的梦想当自己的梦想，才是傻瓜呢。

那个时间里，我眼前一度浮现过当年在北京万达影城看《建国大业》，毛泽东、周恩来等人载歌载舞喝得酩酊大醉庆祝胜利的场景，耳边一度响起原筹建部总经理高总说的"列车高速前进时千万别被下车，否则等'革命'胜利了你却死了"的熟悉话语，那么多在CBD万达总部加班到满天星斗的日子，那么多在筹建开业时尘土飞扬鞋都磨破了的峥嵘岁月，第一连锁百货集团的愿景，"品位、关怀、阳光"的价值大厦，还有女儿幼儿园的北京朋友、济南朋友、老婆的工作，这一切都要告别了！

我离开时，宗昆等朋友组织了一场欢送酒宴，并送我了一个最大号的新款新秀丽旅行箱，我正好用它去德国装了一堆的火腿和各色物什回来。

宗昆跟我说，没想到我也离开了，当年的青岛四兄弟只剩他跟程雷了。不到半年，他也离开万达，去了青岛一家国有地产公司，后来又跳槽到复星地产，现在看他朋友圈一到周末就去爬崂山，过得倒也惬意。

我一一删掉了电脑上的万达的OA、RTX等信息，看着那些熟悉的、陌生的名字，知道他们的万达生活还在继续，我的则告一段落了。

记得当我以短信方式告知丁总、王枫总我决意离开的意思时，他们的回复是平淡的，而我那时候其实并不完全知道，百货总部也在经历着一场前所未有的人员离职和架构变动呢。

后来的变动在此就不一一细述，无非是小区域又变为大区域，各个总经理被调兵遣将，甚至总部也经历着大换血。

当时的百货总部领导不得不进行了布局和调整，以图赢得集团支持。这个过程中，先后引进了大商、沃尔玛、银泰、金鹰、新世界等几乎国内商业百货领域中最骨干的管理精英，分别任职各大区招商总经理、副总经理、营运总经理及副总经理等，而市场部总经理，是在李志生走后丁总钦点的原华润万家江西公司的百货总监徐培柏；同时，很多元老则不得不离开，包括百货常务副总经理赵润涛。

与此同时，丁总据说也进行了一次区域调整，把单一城市的小区域合并为大区域，如成都、西安属于一个区域，区域总经理则由原成都区域总经理担任，而原西安区域总经理则选择了拒绝接受、然后离开，当时连续划分了五个区域，并调了万达百货元老级区域总经理来担任。

有人说，这是丁总的最后一搏了，这些百货元老可都是跟着丁总从万达百货创建开始做起来的。其实不然，后来丁总离开，这些元老并没有跟随，反而是一些年轻的副总经理和骨干经理们跟着丁总走了。

而我离开济南的那天早上，起得特别早，当时天还蒙蒙亮，济南店司机送我到机场,我对着尚未跳跃而出的朝阳拍了一张照,心里默念着:未知的前路,我来了。

> **小贴士**
>
> 最大感触就是,潮汕人做事目的性极强,能够放下身架,并且不装,这一点是爱面子的北方人所不能及的。

三、真正的考验与较量

离开万达,离开济南,前往深圳,我也是做了大量说服家人的工作,在此不细表。

而到达深圳入职报到的那一天,是 2012 年 10 月 10 日,老崔带着司机前往宝安机场接的我。他见到我终于到来,有点像盼望亲人到来的感觉,显得异常兴奋。

中午 Leo 和 Ricky 安排给我接风,是一家潮州的海鲜小馆。期间,卡撒天娇的副总经理王钦也在,大家顺便聊起了公司上市后的品牌推广。

我问:"卡撒天娇原来品牌推广的策略是如何兼顾公司品牌和产品品牌的,或者是侧重哪一块?"

Ricky 回答说是产品品牌。这其实说明我还不是个成熟的职业经理人,如果成熟一点的话,最好的办法就是席间多听、少说甚至不说。

老崔后来提醒我,说:"当初你这么一问,没发现老二(Ricky)有些不高兴吗?"我问怎么了,老崔告诉我:"大陆公司是老二在管,本来老大对他的能力就不是很满意,你这一问,相当于是在给老二出题目啊！"哦，原来亲兄弟还搞得这么复杂！

但接下来最不应该问的一句话居然也被我说出口了！我漫不经心地夹了一口鱼放到嘴里，边嚼边跟旁边的王钦王总打招呼，随口又进一步了解情况地问道："王总，那咱们公司在前期品牌推广上，你觉得有哪些问题需要改进？"

按道理，私下里这样了解一下情况是没问题的。但此时却是两个老板在场，最重要的是原来的品牌推广工作是王总在负责，我这样一问，别人不会觉得怎么样，但对于王钦来说，就会以为我是在故意使他难看了。

果然，王总并没有正面回答我，就说："刘总你刚来，其中的问题和情况慢慢了解吧。"

对于一个空降的职业经理人，先了解情况然后迅速融入是很重要的，这一点我早就想到，但因为内心比较急于融入，又听老崔说过这里的管理和经营很乱、很初级，我就有些迫不及待地拿出万达那种习惯于单刀直入面对问题和矛盾的打法来了。

后来想想，用万达单刀直入的方式面对问题去解决，这种打法往往是建立在两个前提上的，一是你已经融入这个团队，二是你面对的是下属而不是平级以及上级老板！

当然我们也有私心，来之前我跟老崔商量过，觉得我们应该拿出万达对于业绩指标的严苛标准来，帮助公司迅速实现业绩增长和股价上涨，这样如果我们有期权的话就值钱了，再如果老板真正做到承诺的那样给出100万股到400万股期权，那甚至我们都想到通过业绩增长使股价上涨到10元以上，就初步实现短暂的财务自由了！

天知道，2015年的卡撒天娇股价最高涨到了11元，而我跟老崔并没有得到第一批的期权，老板解释说我们后来进去公司的高管需要在2012年以后的年度增发时再配股，问题是我们后来却离开了，这表明财务自由离我们还很远。

而当时的一些同事陆续将期权卖在了5—6元之间，也即按照1.2元行权每股可以赚4元多，如果有70万股（我们的同事财务总监老林就是这个数），那么恰好三年后可以全部行权，将获利300万港元左右！

我跟老崔说，我们来这里其实不应该是按照打工的心态谨小慎微地来做，而应该一上来就在老板的支持下，舍我其谁地切入核心业务，做出业绩，甚至不惜进行大幅度的人员架构调整。

老崔说：“你今天刚来，晚上我先请你吃饭，我们慢慢聊。”

晚上我们一起吃的潮汕菜，然后又一起泡了泡脚，然后一起回家。哈哈，我住在他租住的房屋里，直到两个月后我老婆与女儿过来后我才搬走。

我们住的地方绝对拥有深圳无敌景观，位置就在福田区彩田路的联合广场，记得好像是26楼，到了晚上通过落地窗俯瞰深圳的美好夜景，视线所及的恰恰就是卓越世纪大厦那两栋大楼，楼体上缠绕着炫彩的光，随着高耸的建筑直入云霄，煞是好看。老崔特意把爱人从济南寄过来的气垫床给我用。我后来发现了老崔不同凡响的厨艺，尤其是鸡块炖土豆，再来两瓶劲酒，伴随着我们度过了多个难眠的夜晚。

初来深圳的那一晚，我们聊了很多。我对老崔说：“深圳真的是非常棒的城市，也是冒险家的乐园，你比我早来两个月，感觉现在怎么样啊？”

老崔阴险地笑笑，说：“深圳不错，卡撒看来不咋地。”

我"靠"了一声，说：“那你还拉我来！”

他又说：“当然也没那么差，我现在正在帮老板重新制定

2013年指标，同时进行制度和架构梳理，你来了可以助我一臂之力了。"

我说我看可能老板也想拿王钦开刀呢。老崔说他跟老板也沟通过，即便对他进行调整，老板也支持的。

"那你还不快刀斩乱麻，迅速进行调整，也可以借此迅速切入业务层面。"我好奇地问。

"你想得太简单了，老板是想借我们的手来调整一些人、建立新的章法，如果换掉王钦，那我就要担这个角色了，你想这个王总做了这么久，业务上比我们要熟得多，最终导致这么个结局，难道只是他自己的问题？难道没有老板的问题？"老崔意味深长地回答。

"这可与你刚来的时候的态度不一样啊！"我更好奇了。

老崔说："我也跟王钦聊过多次了，老王也想保住他自己的位子，毕竟也拿了公司那么多的期权，不想前功尽弃，所以他会遵照我制定的公司新的管理手段和打法来，只是这个人爱面子，那就给他面子，大家都能彼此理解，而等到我们真正熟悉这些业务后，就可以再进一步掌管这一块。"

我说："我觉得不妥，你还是太谨慎了，这不是最好的策略。"老崔说："咱俩第一天，就别争了，抓紧休息吧，明天还要上班。"

卡撒天娇中国大陆地区总部在深圳，公司原来就有以下几个副总经理及总监：分管渠道及销售的王钦王总，原来管人事后勤现在要去管惠州工厂的五十多岁的高总，财务总监林总，宝安福永老工厂的副总经理郑玉梅郑总，以及刚来的专卖店拓展总监史总，再加上我跟老崔，我是分管市场推广部、商品运营部及研发部的副总经理，老崔说自己一开始不愿意直接接受总经理的职务，于是先挂了个董事长助理，行使实际上的总经理职权，这就是卡撒天娇在国内的所有高管了。

这里面要说明的是，我跟老崔以及专卖店史总是空降，而史总是原来另一家床上用品公司雅兰的高管，而我们则是外行，并且拿的薪水远高于原来的这些高管。好，大家看到这里，如果我跟老崔的角色换成你，你会怎么做？

我先来说一下当初我的做法。

首先，因为我不懂业务，所以我尽快熟悉市场、熟悉业务，并试图通过一场促销活动提升业绩来树立威信，于是结合即将到来的圣诞节，我要求市场部统一设计了"香港唯一上市家纺公司卡撒天娇——圣诞回馈2折起"的广告画面（类似于济南万达百货新春专场打法），并在《地铁早8点》、公交车牌广告等媒体上发布，广告形象得到了老板认可，销售业绩也有提升，但单次约40万的广告投入在卡撒天娇不是小数，大家觉得效果并不是想象中那么理想；而我感觉最主要的原因是，深圳市场的专柜和专卖店形象及定位不一，更重要的是货品及陈列掌握在王总和史总手上，我即便派陈列督导下去检查，也难以兼顾并做好。

通过我进一步了解市场，发现光深圳市场几十家店就有多种定位的专柜，如有华润万家、山姆会员店这样的超市店，也有天虹百货、东门太阳百货、海雅缤纷城等定位中高端的专柜，还有一些不同的专卖店，如果出了广东，卡撒天娇在新光天地、久光百货做的又是绝对高端的产品线，所以不同的定位导致营销定位更加复杂，很难通过一场统一的营销活动来带动整体业绩，而我首先就在这个问题上被绊了一跤！

还好，我并不气馁，老板也继续支持我，于是，我的第二张牌打出来，那就是建立起业务标准和业务流程，同时规范相应制度。

老崔说过我的风格就是高举高打、说干就干，很快卡撒天娇一系列业务标准被拟定出来：《2013年商品陈列标准》《2013年营销宣传规划及标准》等。因为我对商品及研发还不熟悉，所以这几块标准我并没有制定，但是其中的业务流程却被我硬性要求拿了出来：《产品研发工作流程》《商品运营工作流程》等。这一套东西出来后，本以为是个重大成果，但到老板那里却反响平平。我跟老崔说，这里真的跟万达完全不同，我拿出那几套标准和流程，是为了规范化管理和运营，老板居然没什么反应。

老崔说："你要弄明白老板的需求，尤其是当前最主要的需求是什么，当然我也还没整理明白呢，慢慢来吧。"

好，那我来第三张牌，品牌推广。这个两个老板都有明确需求，因为公司上市，要加快拓店、加快业绩提升，品牌推广是在年度计划中就有的，我曾在2013年推广计划中专门做了800万推广费用，Leo代表董事会批准了此预算。恰好在推广中，有一项很重要的工作，就是微电影的制作，我想可以抓住这个机会做出个好东西来，赢得老板的信任。后来这个微电影的拍摄制作果然成为卡撒天娇当年推广的一个亮点，一是当时借助赵薇《致青春》的电影档期，我们用了其中的女二号阮莞的扮演者——江疏影，并且在做成院线贴片，取得事半功倍之效；二是整个微电影拍摄制作费用只花了35万，这一点连Ricky后来都说很划算。具体过程后面再述，此处不详说。

而老崔则采取了以下几个手段：一是借助老板的力量，开除了人事部的两个不称职员工，以此树威，结果却得罪了资深元老高总，因为高总原来管人事部，这两个人都是高总招聘进来的；二是出台一系列管理制度及考核办法，而这套东西既费力也不讨好，甚至不是老板最关心的；三是召集大家重新审视并拟定2013

年预算指标。

而在指标拟定过程中，卡撒天娇各位高管的表现，却让我大跌眼镜：

一是王总他们就"销售定高了完不成、费用给低了必然超"的问题进行车轱辘话术表演，却不说费用结构合理性及同行业情况对比分析；

二是在讨论中，公司原来的几位高管认为总部费用同比会有大幅度增长，所以利润必然大幅度下降，言外之意是由于总部引进了多位高薪的高管，无疑增加几百万的成本，而这个矛头就指向了我跟老崔以及新来的史总；

三是老崔后来对王总说："你可以把你原来管过专卖店的一些数据分析和资料给史总看一下，他刚来还不是很了解情况。"结果王总居然说："这可是我这么多年积累的业务精华，怎么能随便给人呢？"

我听后几乎要吐血，在万达，所有的业务总结、经验分享以及数据、模板等都必须是公开、共享的，并且对新同事进行培训也是高管的义务，而在这里，这一切居然成了某个人的专利，公司居然对此也无动于衷。

有一天晚上，我对老崔说："你的策略真的错了，你不应该先从管理和考核入手，而应该先从核心业务切入，正好现在老板也还支持你，支持咱们，你就从王钦那里入手，把业务摸清楚并直接抓起来，这样才能把业绩提升掌握在自己手里，也好为自己赢得老板信任啊。"

老崔则表示不同意，他的意见是："一是我也不懂床品，就是老板让我直接抓渠道销售，我也没有必胜的把握；二是没必要得罪王钦，让王在那直接负责，我通过管理手段来掌握他，做好了是咱们的功劳，做不好也是王钦承担责任；三是王总已经表示会全力配合，我们深聊过，大家都是打工的，他也不想在这个紧要关头被放弃掉。"

我说："好吧，不管前面什么阻拦，但我这里可是要全力以赴地推进工作了。"

> **小贴士**
>
> 这个世界上，没有固定一套管理模式包打天下的，你若真的相信了所谓的模式、方法，而不是像高手对垒那样一下直接抓住核心任务，会死得很惨。

四、工作推进未达预期效果

Ricky 提出几个产品的定价问题，要老崔组织讨论一下，拿出一个好的定价方案及流程。

于是在老板办公室，我们几个高管展开讨论。原来产品面市终端的定价大致是两大环节加价后形成：1. 工厂在生产价格的基础上，适度加价 30% 左右作为出厂价；2. 再依据产品面市的管理成本、营销成本及财务成本，再加上适度的利润空间，差不多在出厂价的基础上加价 3—5 倍，即为面对直营专柜及加盟商的供货价。

现在想来，老板提出定价机制重新讨论，一方面是试图通过优化方案让定价更加合理，让加盟商甚至王钦、史总等直营专柜专卖店能够理解接受，以便在接下来的 2013 春夏订货会上能够加大订货量；另一方面也不乏考察老崔和我等几个新来高管的能力之用意。说实话，定价理论我们都可以谈，但具体到分寸拿捏我们肯定不专业。

讨论会上，一开始王总等公司元老并不说话，大家看着老崔和我说。老崔指出："定价有两种，一个是成本定价法，一个是参考竞争对手定价法，成本定价是目前公司正在使用的方法，而定价有没有市场竞争的优势也很重要，所以要根据同类型定位的产品市场来定价，比如公司的帕拉蒙系列，大家普遍反映价格较高，那么到底维持现在的定价及不打折策略，还是根据同行业竞品来适度下调价格？王总你说说意见。"

老崔将话题抛给了王钦。王总表示赞成要根据竞争对手来参考定价，否则在市场上价格没有优势，这也是近几年帕拉蒙份额虽大，但销售业绩下滑的重要原因。

我看到Ricky在沉思不语，他知道，马上要召开春夏订货会，如果公司研发的主推花型及最终价格不能被王总他们接受，可能会影响订货。卡撒天娇的产品有高端的真丝系列，就是上文提到的卡撒珂芬，有中高端的帕拉蒙系列，这是公司的主打，也有中低端的系列，就是几百块钱的普通产品。

而以往，王总等人是有权力根据自己的判断直接挑选产品并根据公司供货价格拿货，去铺到商场终端专柜的；但是听说王总他们经常不认可公司研发部推出的应季花型，反而自己去南通等地拿一些价格又低、他们可能觉得更好卖的产品，这样公司花了成本去研发并主推，而内部订货却遭到抵制，不但是经济上的一种巨大成本浪费，更重要的是品牌及终端的统一形象和市场定位就会遭到极大的破坏，但公司以前对此也是没有太多办法。

我突然想到万达曾对招商的品牌遴选有一个招商委员会，主要有确定新品牌进入品牌库的级次、重大战略品牌合作的商务条件等职责。我于是提出一个建议，看是否成立一个专门的定价委员会，根据成本定价乃至竞品参考定价等方法，由定价委员会的成员来具体确定公司主推产品的订货价，这样应该会更加合理一些。老崔也表示赞成。Ricky只是点点头，并没有说话。

王总、高总等人却觉得不理解，说："我们这是又要新设一个组织部门啊，有这个必要吗？"

我也毫不退缩，便问王钦："王总你那边其实应该有一个事先的产品订货价及销售的针对性测算，而不是依据经验来决定拿什么货。"

王总则反唇道："这些数据我们当然有了，我们每季度的产品系列原价、促销价及销售数据分析都有。"

我指出："这是事后的数据分析，不是事先的销售测算，应该是先根据以往的销售数据做下一季的销售测算模型，再根据你的事后数据来对一下，看测算得是否准确，两个都要有，不能只是事后数据。"

王总忽然非常恼怒，一下子站了起来，说："你们专业，你们来弄吧！"说毕直接走出了办公室。

我一下子愣住了。老板与老崔也愣了一下。然后老崔出去又把王总请过来，让我表示道歉。

我一看这情况，只能说："不好意思啊，老王，我是对事不对人，你别介意。"王总拿了一些打印的资料，扔在桌上，说："老板你看看，这些东西我们都有！"

这件事情过后，我几乎所有要推进的与王钦分管的渠道销售有关的工作，都基本是鸡同鸭讲，不在一个频道上。人家倒也不是不配合，就是你说你的，他说他的，你说要做促销，召集销售人员一起探讨，他们就说营销活动是市场部来定，你们定好了我们做就是。结果促销活动的效果可想而知，你对此却毫无办法。

老崔那边也是不理想，所谓的管理制度重新拟定，也几乎只有老崔带着人事等几个部门在加班加点起草，而其他部门则是基本上下班就走。我劝老崔抓紧切入王总分管的销售业务，并在老板也有此意向的情况下将王总换掉，他却一直没有行动。

我跟Leo、Ricky也都说过公司目前的管理现状，的确弊端根深蒂固，并且王总没有起到积极的作用。Ricky也表示认同，并鼓励我放手去做。

老板虽然不断地说支持我们，却没有任何管理及运营机制上的变化，这个令人十分头痛。尤其有一次开董事会，说到了惠州一个专卖店的问题，史总是新来分管专卖店的总监，他提出惠州那个专卖店位置不好，所以销售较差；而这个店是当初王总执掌大权时选的，他于是就说这个店其实位置很不错，周边小区居民多、配套多等。按说这个事跟我没关系，是老王跟老史的矛盾之争，但我实在忍不住，就跟老板和几个高管讲了一下我的看法，我说："我们的专柜也好、专卖店也好，选址应该有一套完整的标准，好就是好，不好就是不好，是商圈、客流、配套、店的开口等诸项标准来界定的，有了这套标准，就是一个普通的业务菜鸟也能根据标准判断出好还是不好，哪能是凭着高管的个人经验来判断好还是不好呢？万一高管哪一天生病了或是看走眼了呢？"

我看到老板们在点头，应该是认可我说的话的意思。可也就是到此为止了，只是认可，接下来一切还是照旧。

所以我每天晚上回去几乎都要跟老崔争论甚至争吵，我说："你要尽快拿出雷厉风行的动作来，要稳准狠地去推进我们认为对的工作，否则是没有希望的。"

老崔说："我已经在推进了，难道你没看到吗？你没觉得我的管理手段一上来，大家开始有约束了吗？"

我告诉他这是远远不够的，还要更深入，尤其是业务要渗透进去。老崔说他正跟济南几个兄弟讲了，准备帮公司搞几笔大的团购业务，尤其是在酒店布草这一块市场，是要做一下的。

可以增加团购销售，老板自然很高兴，于是在春夏订货会上，老板亲自接待了来自济南的几位嘉宾。这几位在山东当地都是有一些资源和生意人脉的，并且对于酒店布草业务也较为熟悉，大家聊得很开心，Ricky请吃完饭后又请唱歌，第二天也对卡撒天娇的生产情况进行了考察。

但最终这个团购业务没有做成，酒店这一块的确是很专业的产品线和铺货渠道，卡撒天娇以意大利新古典主义风格的中高端产品为主，与酒店所需的产品生产要求是不一样的，同时卡撒天娇的福永工厂在年底应接不暇，惠州工厂还未能开工，所以仅香港的供货都生产不及，国内的很多货也多有延误（而此也被老王看作是销售下滑的重要原因），所以酒店团购的产品不仅安排不开，而且生产流程也没人去确定。

这块业务的不了了之，使得老板对老崔的信任开始下降，同时老崔对卡撒天娇根深蒂固的经营管理弊病也变得无可奈何。

而我这边各项标准制定、下发以后，却也悄无声音、反应平淡。我准备好好跟老板深入沟通一下，并计划尽快下去各地办事处对终端直营、加盟专柜进行系列培训，不深入到渠道业务的管理中，我发现我的工作是打不开局面的。

我把这个想法跟老崔沟通，下去终端有两层意思：一是要把2013年春夏新品介绍及上市陈列标准培训、检查到位；二是摸清各渠道的市场定位，为卡撒天娇系列品牌进行重新规划做好准备。老崔说他没有意见，支持我去做，并叮嘱我要与王总沟通好。

时间恰好到了2013年1月份，我跟两位老板以及研发部、市场部几位同事一起去德国出差，我们全体人员住在了莱茵河畔一套老式的房子里，这栋房子约1500平方米，冬天严寒，我们则靠烧锅炉取暖。

我们早上起来去考察、开会，晚上回来聚餐、聊天，我也因此得以有更多机会跟老板沟通了工作的想法。

记得在参观完法兰克福家纺展会的第二天，我们出去调研市场，彼时天气极好，天空湛蓝如洗，但温度极低，有零下十多度，我们一路走一路逛，有时会去坐大巴，德国的大巴是不用现场刷卡及交钱的，而我们也因为有家纺展会的证件不用付费，但被Leo提醒要注意车上的工作人员有时会要求亚洲人出示证件或公交卡的，对本地人却无此要求，于是我们便感慨人种待遇之差别太甚，尤其看到德国的出租车几乎全是奔驰，更是感慨福利之差距。因为当日是周六，法兰克福的商场全部在周末关门休息，据说是工会的要求和规定，这与国内不同，比如万达百货就是靠周末来提升业绩的。

我跟老板聊到了这种国内外的差异和不同，尤其聊到欧洲的首富是ZARA的老板，是靠14天的商品周转率和同步全球的时尚诉求把服装生意做到年入千亿之多的，而家纺行业也可以借鉴，也应该加快产品周转和提升时尚度。

Leo点头表示同意，并说如果能够将卡撒天娇做到几十亿规模就算很成功了。我进一步跟他说，要提升规模，首要是品牌价值塑造和建设，品牌定位很关键，而我们的品牌定位过于多元，反而使得我们缺乏了竞争力。

Leo说："刘总你认为对的，就去做吧。"

我说:"品牌推广,首先是要在终端呈现上要有一致性,也就是说从产品、陈列标准等方面首先要遵循统一的品牌法则;其次才是广告宣传,我们马上要拍微电影,要做户外广告,如果对外的广告宣传与终端形象不一致,那我们花多少钱就浪费多少。"

Leo 边听边点头。我进一步说:"我已经把 2013 年专柜、专卖店陈列标准给 Ricky 审核过了,并且下发了,但是要想真正落实,我想还是要出差去跟他们培训一下,并且也是检查落实的过程。"

Leo 表示同意,说:"你就去做吧。"

那一天我们的确走了很多路,也聊了很多,最后到德国一家啤酒馆吃饭的时候,我们的手都冻得失去了知觉,恰好我跟 Leo 都在厕所,结果我们两个站在厕所小便器前,足足拉了两分钟拉链才拉好。

Leo 看了我一眼,笑笑说:"手冻得拉链都拉不上了。"我说:"就是啊,我也是。"

那天晚上我们喝着德国啤酒,吃着用大盆盛的烤出来的牛肉、火腿、土豆,好不惬意。最关键的是,我跟两个老板达成了一致,回国后我要出差去北京、沈阳、上海、青岛、广州等地,深入到直营和加盟店内部,去检查、培训,通过这个来撬动我的整体工作。而我回去后没多久,老崔告诉了我一个令人十分难过、十分伤感的决定:他要辞职了!

> **小贴士**
>
> 中小型企业尤其是港企多数是业务和资源驱动,只有像万达那样的巨无霸才是组织、管理和创新驱动,尤其对于卡撒天娇来讲,所有的工作都还只是生意的层面,这也就是王健林看不上香港企业甚至李嘉诚的原因。

第九章 再回万达

一、从江疏影到彭小峰

老崔要离开卡撒天娇，要回到济南去。两个老板都进行了挽留，Leo 在请我们午餐的时候，进一步表达希望崔总留下来，还说不能让人家看扁了，说准了，意思是有人跟 Leo 说过，老崔他们来卡撒，肯定干不长、干不好。老崔说主要是他老婆孩子在济南，也不愿意过来深圳，出于照顾家庭的考虑，不得不离开；并且，离开卡撒，可能在其他方面更能帮上两位老板的忙，希望老板能理解。

Ricky 说："你可以跟文涛一样，让嫂子、孩子来深圳，小学我可以帮忙解决，就是附近的莲花小学。"老崔说情况不一样，他尊重家人的意见。而我老婆、女儿则在 2012 年 12 月份已经来到深圳，并且开始准备读小学的各项事宜。我也曾劝过老崔留下，一起做出点事来，把老婆孩子接来，一起去莲花小学读书。老崔说："我跟你不一样啊，我的资源和人脉都在济南，我回去还有一大堆事等着呢。"

老崔也知道，他一走，我一个人在这可就更难了；但他还知道，我是不会甘于庸碌的，一定要做出点事来。很快，春节过后，老崔独自离开深圳，回到济南；我则踏上了培训、督导、检查的出差之旅。

出差的第一站是北京，然后是沈阳、青岛、重庆、广州，没想到北京、沈阳赶上了三月的大雪，而重庆、广州又赶上了炎热的夏季，中间的青岛恰好是春季，一年的季节我们用半个月的时间全部体验完毕。这次出差跟我一起的是研发部经理和市场督导经理，前者负责新品花型讲解，后者负责产品终端陈列规范讲解，我则负责品牌讲解。同时，按照原来在万达的做法，还对店长及导购们进行考试，现场培训表现好的发小红旗，考试不及格的需要补考，等等。这些形式对于卡撒的加盟商和直营专柜的店长、导购们都是第一次，后来据说大家还挺满意，并且反馈到了老板那里。

出差结束后，就是微电影制作的后期了，我必须要赶在5月赵薇的《致青春》之前做出来。卡撒天娇的微电影叫《色彩日记》，导演请的是央视著名纪录片导演李海培，女主角前面已经提到过，就是最近很火的江疏影，前任男友大家也都知道是胡歌。

微电影《色彩日记》讲述的故事是：

床品设计师琳达（江疏影饰演）因为母亲去世不久，面对新的设计任务并没有拿出好的作品，被老板（二老板 Ricky 饰演）严厉批评。

琳达回去加班设计方案时，梦见母亲当年对她在画画天赋上的鼓励，甚至当老师批评小琳达把太阳画成绿色、把月亮画成红色时，母亲依然表扬她的想法。

琳达沉浸在丧失亲人的痛苦中，无法集中精力完成设计，于是出去走走散心。经过一个马场时，遇到一对母子，儿子天骄大约8岁，学马叫非常逼真，并吓到了琳达，年轻妈妈过来道歉，琳达无意中将手中画本散落到地下,天骄捡起来,还给琳达的时候,年轻妈妈发现图画中的太阳是绿色、月亮是红色,原来琳达一直带着小时候老师批评但母亲却鼓励她的那幅画。年轻妈妈说天骄也喜欢画画,并邀请琳达到家中坐坐。在家中,年轻妈妈拿出天骄画的东西给琳达看,琳达发现太阳是蓝色、月亮是紫色,原来小天骄有先天性色盲!

琳达一下子被震撼了!先天性色盲的小孩,却有那么富有想象力的大脑,能够那么惟妙惟肖地模仿马叫,这时母亲的话又响在耳边:你觉得色彩是怎样的,它就是怎样的,不要让条条框框束缚了你眼中的世界!

琳达豁然开朗,她从植物的纹理中找寻灵感,最终完成了作品,老板十分高兴,决定要提拔她为设计总监。但琳达拒绝了,她要帮小天骄完成一个愿望:坐飞机去美国,看大片的棉花地。公司恰好与美国棉花协会有合作,于是,琳达与小天骄母子一起,坐上了飞往美国的飞机……

最初讨论故事的时候,大家很快形成了一致意见,但导演后来说需要一个女主角的上级,想要我来出演,我内心有点想演,并且与女神江疏影有两场对手戏。但我最终还是拒绝了,我请Ricky来演,事实是Ricky演得真的非常好,大家有兴趣可以上优酷搜《色彩日记》来看,与江疏影的对手戏的确很精彩。

这次基于微电影的品牌推广的亮点,有两个方面。

一是这绝对是可遇不可求的性价比极高的一次广告制作,当初导演推荐演员,连续选了几个我都不满意,最后导演通过北京的圈内朋友推荐了江疏影,说她刚从英国留学回来,出演了赵薇《致青春》的女二号阮莞,看到照片后觉得不错,于是就定了她。后来江疏影来公司拍了两场戏,感觉的确清新可人,皮肤很白,身材极好，样貌上佳，属于女神的形象；同时她跟海清不一样，因为当时还算圈内新人，所以没有架子，不耍大牌，非常平易近人。记得拍完最后一场办公室的戏，我跟她说拍几张照，再给她和 Ricky 拍一张合影，她欣然答应过去站在 Ricky 身旁，头微微侧过来，一幅小鸟依人的样子。

而这部微电影剪辑成 8 分钟、5 分钟、30 秒、15 秒及 5 秒几个版本，连同演员、拍摄及后期制作一起，总计费用为 35 万元，并且还可以以《色彩日记》的名义作为卡撒天娇全年的平面传播形象出现，连一向花钱谨慎的老板都觉得还算比较值（我说出这个价格，江疏影的经纪人不要骂我，现在她的身价当然不可同日而语了）。

第二是时机，我们赌赵薇的处女导演作品《致青春》一定会火，所以拍摄完成后恰恰赶在电影上映前夕，我们把《色彩日记》剪了一个电影贴片广告，在深圳、广州各大影院进行了发布，《致青春》后来成为一种现象级的电影，火得一塌糊涂，而我们借势宣传，也取得事半功倍之效果。

问题是，江疏影主演的《色彩日记》制作费虽低，但贴片广告的播出费用却远高于制作费用，两位老板考虑的是通过广告提升销售，但这的确是不现实的。另外，虽然卡撒天娇的品牌知名度在广东地区有一定提升，但后续广告投入却没能跟上，因此其实我们也是犯了广告投放的一个大忌：对单期投放的效果心存侥幸，以为发布一期广告就能够解决问题，后期不能持续推广，因此难以形成品牌建设体系和品牌价值累积。

当然更有甚者，一些三流产品找加盟，凑足了钱上一次中央电视台广告，哪怕是一秒钟，然后就再也不打广告，反复持续地说自己是央视广告推荐品牌，以此来忽悠别人加盟，这种路数自然是不会做起来的野路子了。

虽然年前 Leo 是批准了我的年度品牌推广预算，但后来很难组织起有效的宣传工作，公司的业绩仍在下降，于是老板内心也不再愿意去做更多的广告投放了。而此时电商已进入了神话阶段，卡撒天娇的电商才刚刚起步，我于是便主动请缨，计划掌管电商事业部。

那一段时间，我疯狂迷恋上了电商和 C2B（Consumer to Business，消费者到企业）模式。我想，在原来传统的行业领域，我无法介入，甚至连管理标准制定出来都无法执行，就像专卖店选址的标准，究竟是数据、标准说了算，还是人说了算？

几年以后，有一次在深圳跟已经离开万达的老领导赵润涛总、王枫总、厦门店总龚威总等人聚会，我特意提到了当初离开卡撒天娇的一些理由，其中就有老史与老王的专卖店位置好坏之争，赵总以前在茂业集团的时候认识卡撒天娇的老王，我表示十分不理解为什么一个上市公司可以不建立、依赖管理标准。

赵总哈哈一笑说："看来你还是没融入深圳、不了解深圳。"他让龚威总告诉我，老龚则说："刘总，你们老板还算不错，我要是你们老板，我干脆就直接告诉你，能把生意做好、把钱赚得最多才是标准，其他的都不是。"王枫总倒没有评价什么，只是说深圳是一个适合创业、适合做生意的城市。

我后来当然知道，不同的平台、不同规模的公司对于管理和运营流程的依赖度是不一样的，但当时很难受，就一心想在公司内部自己独立开辟一块业务，以便不受制于老王的直营店、老史的专卖店，而这个独立业务我瞄上的就是电商。

我的电商计划是：产品上借鉴快时尚的 ZARA 模式，通过互联网手段打造年轻、时尚及快速周转的卡撒天娇时尚床品；品牌塑造上借鉴小米模式，通过社区和口碑累积用户及品牌价值；销售方式上采取闪购及预售的方式，通过汇集消费者需求来反向生产，也即现在被炒得大热的"工业4.0"或C2B。

这是我反复思考的决定，我要直接找老板去谈，如果此事可行，我就继续待在卡撒天娇，如果此事不行，我想我也恐怕不久就要步老崔的后尘而离开了。彼时公司已经成立了电商部，并从走秀网招了一个总监过来，这哥们还不错，有些思路和办法，但我猜想他很难融入公司。

而我的计划的核心是单独成立一家公司，以互联网的方式运营一个单独的品牌，整体构架是要大变。

经过几次反复交流，老板同意了我的计划，但是有一个前提，就是市场部还是要归我管，因为暂时没人接替，并且建议公司的信息部总监白海军可以介入，一起到新的电商公司。老白是公司的元老，是大老板Leo大概16年前从外地挖过来的，人虽然大约40岁了，已经过了青春激扬的年龄，但内心还有一丝做事的激情，属于闷骚型中年暖男。

老板的建议正好符合我的心思，其实我跟老白早就沟通了多次，要在卡撒做电商，没有信息部的支持的确很难，所以这个就不是问题了。

我因为要搞电商了，所以思维和行为更加活跃了起来。一度放弃的微博也被我重新拿来刷新内容，并开始关注一些电商网络高手，如杜子建、龚文祥、鲁振旺等。

这期间，我与原来广州万达百货的同事、后到走秀网做招商总监、又跳槽到一家所谓C2B电商平台的创业公司的冯小丽冯总偶然有机会一起吃饭，了解到这家公司叫非凡定美社，以C2B的预售、定制、团购为主要商业模式，并且整合生产工厂及产品原产地，打造 F2C 的产品。我听后十分兴奋，说："这不就是我要做的东西吗？你们老板是谁？他的想法怎么跟我一模一样啊？"

冯总告诉我，老板是大名鼎鼎的光伏大佬彭小峰，曾经是 2008 年胡润排行榜的第四名，当年据说比王健林还有钱，只是最近光伏行业遭到欧盟反倾销政策及国家产业政策影响，成了僵尸行业，前不久无锡尚德破产，而彭小峰的江西赛维虽未直接破产，但境况也好不了多少。不过，落魄的英雄仍然是英雄，C2B 电商是彭小峰的第二次创业，成立伊始便四处挖人，迅速组织了近 1000 人、十几个事业部的大摊子。

彭小峰，我心里默念着这个名字。冯总提醒我说可以到微博上看到他的新动态，于是，我关注了他，并开始与之互动。很快，一个影响我职业生涯的深远的重大转折出现了。

> **小贴士**
>
> C2B 商业模式电光石火般击中了我的内心，其实，我已经酝酿电商很久了，好吗？

二、电商荷尔蒙迸发

就在我微博上关注彭小峰之后不久，Ricky 告诉我，经董事会研究决定，目前还不能单独成立电商公司，还是暂时维持目前的电商部运作方式，并且要准备"双 11"了，小山（电商部总监）答应"双 11"要做 500 万销售的。

其实我早就明白了，两个老板想做事，但是又过于谨小慎微,也许这是他们曾经成功的秘诀,但现在的确成为发展的瓶颈,事实也证明,电商部承诺的"双11"当日要做500万销售成了一句空话,因为没有进入到人家官方的活动通道,而自身的备货又导致库存压力,最终单日销售只有几十万而已!电商总监小山也因此离职,这是后话。

我想我是应该考虑后路了,虽然老板待我不错,刚到深圳那会儿 Ricky 就请我跟老崔到他在香港的半山别墅聚餐喝酒,后来我在深圳的每年春节(包括离开公司以后)都会去他香港的家去拜年,再后来我又回到万达,Leo 和 Ricky 去北京出差,专门请我在金宝街香港马会吃饭、聊天,大老板还提出,如果我在万达做得不开心,欢迎再回到卡撒天娇。

但这是两回事,我在卡撒天娇做得没什么成就感,而我又极力想进入电商领域,同时彭小峰的 C2B 平台模式又是与我的商业计划如此吻合,我便鼓起勇气在微博上给这位江湖上的大佬发了一条微博私信:彭总您好,听说您的非凡定美社即将上线,深感基于互联网信息对称下消费者参与商品决策的 C2B 是未来!祝福祝贺!也希望有机会拜会、学习!

如果当时他没有给我回复,可能也就没有后来的转折了,恰恰他过了几个小时回复我:有机会碰一下,你在深圳吗?

我顿时倍感兴奋,回家告诉我老婆说:"你知道吗,当年的新能源首富居然跟我在微博上互动了!"我老婆并没有听说过彭小峰的名字,我让她在网上查一下,果然是当年鼎鼎大名的商业领袖人物,曾经创造了一年半创建公司在美国纽交所上市的神话,个人财富最高达到四百多亿元,那可是许多年以前!

很快,我告诉彭总我在深圳,并且留了电话。如果仅仅止于此、止于网络交流,那也不会发生后来的转折,问题偏偏就是,在2013年8月的某一天，彭小峰亲自给我打来了电话，并约我在华侨城的威尼斯酒店见面。我按时赴约，等了十几分钟后，见到了如雷贯耳的企业家领袖彭总，没错，他年纪很轻，身材微胖，身高不高，表情有些木讷，后来通过交往知道他并不善于言辞，讲话有时还容易卡壳，但大脑极其灵活，出手又是极其稳准狠！当时令我不解的是，他并没有秘书、随从等，只身一人前来，后来了解到，这是他的个人习惯。

我们两个坐在酒店大堂，要了一壶普洱茶，一边喝一边聊天。彭总介绍他的新项目非凡定美社，说目前还没有上线，公司已经估值10亿元人民币了！我很惊讶地看着他，他接着说：互联网电商的其他模式已经被做透了，再做也没有机会了，而垂直类的电商因为品类太窄，靠商品毛利很难盈利，C2B的电商平台是一个巨大的机会，目前公司成立了母婴、进出口、服饰百货、礼品、地方特产、数码家电、定制等十几个事业部，员工已经接近1000人。我说要做电商平台级别的公司，需要很大的投入啊。他点头说是，还说一般人很难做，除非像你们王总可以。我知道他说的王总是万达集团董事长王健林。

聊完他的蓝图，又问我的经历，我大体上说了一下，又告诉他预售、定制、创意互动应该是C2B的核心内容，但在非凡定美社的试运营网站上并没有看到特别突出这些模式。

彭总连说是，现在还没有很好的体现，又问我能否过去跟他一起创业。我问他我过去可以做什么，他让我自己选，无论是地点还是单独领一个事业部。我表示对预售还有些兴趣，他很高兴，说："那你琢磨琢磨预售怎么做，回头我们再详细聊一下。"整个喝茶聊天大约持续了半个小时，他很匆忙的样子，说约好了谈别的事，希望下次能跟我再聊。

到了晚上，彭小峰给我发了一条短信：刘总，很高兴与你在深圳见面，常联系。我回了一句：谢谢彭总。没想到，他的短信又过来：能分享一下你眼中的 C2B 是怎样的吗？而此时已是晚上 11 点多了。

我觉得他可能是对我的一番话有所触动，也可能是进一步考察一下我，于是我回复：理想状态，就是由消费者参与产品设计、推广、定价甚至品牌定义的一种商业模式，其核心就是顾客的消费主权彰显，而品牌作为被信任的消费符号，将不再是广告和渠道的结果，而是某层次顾客体验的总和；作为平台，就是创造顾客愿意参与、能够主导的游戏规则，平台上的主角一定是顾客；我觉得前期预售、定制、创意互动、顾客定价、顾客意见箱等差不多可以涵盖平台主要涉及的频道。

意犹未了，针对目前非凡定美社覆盖全品类的做法，我又加了一条：同时，我个人觉得，对于供应链一开始，不是涉及的品类越多越好，而是先选那些能贯彻 C2B 核心模式的类别，彻底做透，并逐步培养起顾客消费规划和生活规划的习惯。

彭小峰回复：多交流，常联系。希望有机会一起创业，一起做点事情。晚安！

我内心一阵狂喜，曾经的首富邀请我一起创业，并且方向又是我此刻痴迷的 C2B，我觉得仿佛遇到了最大的知音和机会。随后几天我们又在网络上交流了一些观点，比如我引用搜狗创办人王小川的话说：工具在没落，而服务在崛起。

"服务"是一种智慧，一种为消费者带来影响行为的力量。所以，服务不是被产品经理设计的，它不是规则，也不是自动化，而是在有充分数据和信息下真正形成判断，并帮用户做选择，这才是"服务"的本质！

彭总的回复是：是的，数据和服务才是商业的本质。

我考虑到，如果要到彭小峰旗下的非凡定美社去，一定要选一个核心的业务模式去负责，而不是一般的品类事业部，因为定制频道已经有人在北京负责了，而预售恰恰还没有，所以我多了几分对预售这个业务的了解。

一天，彭总给我发了一条信息，题目是"100%蚕丝冬被预售开始了"，我恰恰是在卡撒天娇做家纺的，对蚕丝被还算比较熟悉，当时认为这个完全可以通过预售方式来反推生产，这样就不用背负太多的库存压力。

基于此，我回复彭小峰：预售应该会成为销售的主流方式之一，而很多企业是有预售需求的，以精准的顾客数据来满足供应应该有很大可行性；而如何深挖并设计好这个模式的顾客价值和顾客利益，从而获得真正有用的顾客数据，并塑造不一样的平台服务体验，也是预售模式成败的关键！

过了十几分钟，彭小峰发过来一行字：刘总，目前是互联网发展的又一机遇期，有机会一起参与创业，一起做点事好吗？

经过多次交流和彭小峰的诚恳邀请，我想我不用再犹豫了，于是回复道：行啊彭总，说实话我也有此意！

很快，彭小峰让人事部总监王晖跟我联系，并且很快谈定了参与非凡定美社的时间和待遇。因为我也有强烈的意向，所以入职时间我定在了半个月之后，而非一般情况下的一个月之后，办公地点我选择的是深圳，西丽龙珠大道附近的梅州大厦，暂时给我的头衔是预售事业部总监，直接向彭小峰汇报工作，待遇因为是创业初期，不会太高，最后谈好的是暂时4.5万元每月，将来再涨，并且将来会有原始股权。

敲定offer之后，我做了两件事情。

一是跟卡撒天娇的两位老板提出辞职，Leo 和 Ricky 都很吃惊，并执意挽留。

中午两位老板又专门请我吃饭、交流，我表达了我的内心真实的想法：首先很感谢这近一年老板的厚爱，但我在公司真的感觉很多事情根深蒂固无法改变，也就无法为公司带来更大的价值，不如我出去加入这个电商新平台，反而可以帮公司将产品在这个平台上销售，我负责的是预售事业部，将来卡撒天娇的产品直接在我的频道预售，我也能给予政策倾斜，这样更好一些。

两位老板依然挽留，当然最终的结果肯定是离开，而我的确在非凡定美社上线了卡撒天娇的产品，也卖出了一些羊毛被和四件套，虽然数量不多，但我一度雄心勃勃地将所有这一切看作是培养 C2B 模式的供应商的重要开端，而彭小峰也一度将我这块业务看作是新商业模式的火种，只是我们猜中了开头，但没猜中结局罢了。

第二件事情是邀请我大学同学郑万圣加盟，老郑曾经是我们大学期间的班长，在青岛阳光百货负责过企划工作，对于商业也是非常有经验，更关键的是他有一股想实现自己真正人生价值的劲头在。

他当时在潍坊开了几家 Camel Active 专柜，我打电话给他，他直接将自己的店交给别人代管，一个人就来到了深圳。他在非凡定美社的起始职位是预售事业部招商经理，我们合计这么重要的岗位一定是要自己人掌握才放心。后来，他的确在预售事业部中起到了中流砥柱的作用，只可惜我们都是猜中了开头，但没猜中结局。不过，因为他的务实，在第二年我们都离开的时候，他是最后一个离开的，并且直到自己离开也还有很多人找他做非凡定美社的业务。

此时，万达百货已经是发生了翻天覆地的变化，最早的领导班子除了王晓风总之外全部都换了人，丁总、志宇总、王枫总等人先后离开，新任的总经理是原银座集团副总裁孙靖寰，而各部室的负责人也换了近一半，最为关键的是，我曾跟当时还在万达的一个高管交流，他说现在的万达，简直就是水深火热之地。百货水深火热，被寄予厚望的万达电商——万汇网却如火如荼地开展，与非凡定美社一样，都做着平台的梦想，一个是O2O（Online to Offline，线上到线下），一个是C2B，那时的我还曾天真地希望，这两个还在创业中的电商公司，应该成为一路前行中互相对望的同道者，每一个都代表了商业的新方向、新力量……

> **小贴士**
>
> 哈哈，从此以后哥也是互联网人了，并且是当年的新能源首富彭小峰的创业合伙人。

三、非凡的创业传奇

2013年9月，我进入非凡定美社，直到2014年上半年，这期间主要做了三件事，与万达集团完善的流程机制比，这是在一片空白荒芜的条件下做成的，而这也的确给了我刻骨铭心的创业历练。

一、相对完整地组建了预售事业部的团队架构。预售电商在当时还没有成型，也没有刻意借鉴的组织模式，全部由我来一手创建。在深圳办公室，我用不到1个月的时间迅速组成了包括高级招商经理（老郑）、电商运营主管、新媒体推广、美工、业务拓展（BD）等在内的核心团队，同时在北京、上海办公室也都建立了预售事业部联络员，这个速度无疑是受到彭小峰本人闪电速度发展模式的影响，他曾创下一年多时间成立公司并成功在纽交所上市的纪录。

二、建立了完整的线上预售频道，组织了预售模式的品牌及商品上线，同时创造了多个事业部中最高的销售纪录。说到独特的预售商品，先是老郑从潍坊洽谈的当地名吃水果萝卜在10月份上线，接着茅台酱酒的预售定制版上线，然后又上线了卡撒天娇的床品，后来各个品类事业部争相将品牌发给我们，要同时在预售频道销售；当然最大的销售来自于我们独自开发的新产品——非凡Pad。

三、依据公司战略，由预售事业部牵头，委托深圳电子生产厂家惠科集团独立开发了属于非凡定美社的一款可打电话的Pad。这个不是普通的Pad，我们定位为一个创业工具和创富平台，即你可以在非凡Pad上开户、销售非凡定美社的商品，并拿销售提成，而发展会员则有奖励，会员消费则有佣金，类似于现在的微店分享模式，在预售频道上1999元购买"非凡Pad"，即是加入"非凡合伙人"，享有几个权益：1. 不限时间，推荐会员（不限人数）在非凡定美社购物满22000元，立返1999元现金，相当于零元购机；2. 每月返还50元现金，最高可返还5年，相当于存入1999元，每月得高额利息；3. 每发展一个合伙人再送51元现金；4. 推荐会员购物可享有高额佣金回报。

这第三件事情是我跟彭小峰一起去深圳工厂跟对方谈判最终确定的，当初彭总的赌性上来了，想一年订3000万部Pad，但最终是签了1万部的合同，然而非凡Pad的出现并没有挽救非凡定美社，当时内部隐患已经闪现。

公司一开始是十几个事业部近1000人的队伍，在香港、北京、上海、深圳、苏州、广州等地都有分公司或办事处，甚至后来又收购了法国巴黎一家奢侈品电商，短短几个月的发展，非凡定美社一度极为疯狂。

原本彭小峰是想讲一个C2B大平台的故事，慢慢吸引资本进来，公司刚上线的时候就有风险投资基金给出10亿元的估值，但由于没有形成C2B的平台特色及竞争合力，各个事业部的考核又基本是以销售任务为主，就造成了各自为战的草台班子做法，不仅每月的销售极为惨淡，更重要的是没有真正建立起平台级别的预售、定制的销售模式来，所以投资基金更多只是观望，真正投钱的人是彭小峰的父亲，连续几个月累计投了一个多亿以后，老彭总最终决定停止再投资。

彭小峰也看到了问题的所在，他很快就做出了调整：召集大家去苏州阳澄湖畔，召开了阳澄湖会议，变十几个事业部为四大公社，每个公社可以管几个事业部，我成为第四公社的社长，分管预售事业部、深圳的礼品事业部、上海的母婴事业部、上海的进口事业部、北京的自营服饰事业部、广州的会员部等6个事业部。

接下来，公司开始加大力度考核每个公社的业绩和团队贡献，于是一轮被迫的辞退潮开始了。

短短一个月时间，我亲手裁掉了五十多人，最终5个事业部合并的第四公社员工只有四十多人，这个过程极为痛苦，主要是心理痛苦。

记得有一次是2013年12月31日，元旦放假的那一天，深圳礼品部的几个员工因为辞退补偿问题一直没办法在解除劳动协议上签字，其实是公司理亏，如果是万达的话，可能就按照劳动法的规定补偿了，但非凡定美社毕竟是创业公司，又是巨亏现状，所以总部人事的政策是虽然给补偿，却是缩了水的补偿金。我跟广州的梁总一起跟员工谈，从早上一直谈到晚上，依然没有进展。最终打电话给总部人事王总，她的意见是谈不成没关系，明天直接给他们发解除劳动合同的邮件。没办法，我跟大家说咱们还是回去过节吧，别纠结了。

我开车送几个路远的女员工回去，当时深圳下着冷冷的雨，那几个女孩一句话不说，我知道她们年轻的心灵受到了很大的震动，而我却是亲手伤害她们的人。

四个公社运营到2014年3月份，彭小峰终于因为资金断裂而坚持不住了，他在江西的LDK（赛维集团）也接近破产边缘，负债高达一百多亿。

3月的一天，已经久未露面的彭小峰约我去香港见面，在一家茶餐厅请我吃饭。他说自己的钱都被冻结了，连信用卡都不能用，但有一笔钱一千多万7月份就可以到账，如果我想坚持，还是可以继续一起走下去，如果不想坚持了，他也表示理解。我知道，非凡定美社是彻底失败了，C2B的平台梦想更是败得一塌糊涂。

我最终选择了离开。公司欠我的工资、报销及补偿等算在一起的话，大约不到20万，我想，这就是创业的代价吧。

但我从彭小峰身上学到了打工绝对学不到的东西，做事的专注、疯狂以及对于发展速度的极致追求，我甚至认为在这一点上他比王健林都更胜一筹。

后来的彭小峰没有倒下，背负着常人难以理解的压力，于2015年开始筹划一个叫"绿能宝"的新能源金融产品，并且掌管了在美国的新能源公司SPI，吸引了许家印、史玉柱等人的投资，居然又于2016年初在美国纳斯达克上市了。他现在算是第三次创业，从当年的福布斯富豪榜上跌落至今，目前还谈不上真正的成功，但我内心在默默验证着这样一句话：失败的英雄依然是英雄，而那些时常沾沾自喜的成功的庸人，却永远是庸人。

从卡撒天娇开始接触电商，在非凡定美社实践最新的电商模式，虽然都未能成功，但给予我的启发却是非常之大。2014年4月份，刚刚离开非凡定美社，我把对于传统商业和互联网电商的比较形成的一点心得，尤其是对于C2B的心有不甘，写了下来，大意有如下几个层面：

1. 建立了生态的平台型电商与连锁商场相比，是更高维度的存在。平台型电商靠什么赚钱？不是靠商品毛利，品牌入驻天猫、京东开放平台的扣点只有5%左右，原理上，只有低扣点了，商品才能低价，商品低价了，才能打击到有赖商品毛利生存的传统零售业！甚至在淘宝上开店，都是免费的，不但没有扣点，也没有各种水电物业管理费等！那怎么这么高的利润呢？我们再进一步来看，淘宝商家800万、日均1.5亿UV（网站独立访客），相当于商场每天1.5亿、每年548亿客流！这才叫商业中心！我们再对比一下万达，万达2013年80座万达广场，按平均每个广场每天客流5万计算，全部广场客流每天才400万，一年也才15亿客流人次，分摊到百货的就更少了。548：15，大家都明白这是个什么概念！

2. 非平台的垂直型电商强大在了完整的商业闭环及供应链的整合能力上，而这，也恰恰是百货和购物中心欠缺的！唯品会、聚美优品等，真正高毛利的，基本是自营、独家，从研发、生产、入库、订单处理、出库、售后退换货等全环节，已做到了超过顾客期望的体验！比如聚美优品的30天拆封无理由退货，百货能做到吗？所有这些体验，在传统百货那里，都是成本，是无法提供的!

3.购物中心及百货的发展瓶颈可以概括为物业成本越来越高、招商成本越来越高、顾客获取成本越来越高这三高!因此,在招商、运营及营销上,要有融合互联网的新思路。

招商。首先,线下空间有限,不可能无限制地招,所以要定位,主要还是围绕某一层面的生活方式。一个购物中心,线下能容纳500个品牌,但依托线下,融合一个线上的时尚聚集地,就可以容纳更多品牌进来,当然现场体验可能难一些,可以做到几千、上万家品牌来服务顾客是没问题的,并根据大数据(切记一定是顾客选择后留下的数据),进来品牌轮换调整。其次,如果品牌难招怎么办?那就采取有条件的免费入驻、低成本入驻的方式,可以允许一部分品牌像入驻天猫一样降低成本,每年提出一些品牌的扶持政策,与供应商一起整合资源做出业绩,同时利用线上、线下的增值营销服务、大数据服务收取一些费用,数据多了以后这笔收入就很可观了。

运营。运营毫无疑问,要坚决本着用户至上、体验为王的思路来做。比如售前、售中、售后的服务,售前的关系维护和用户发展要营造圈子文化,售中要体现专业、情感或给顾客意想不到的赠送,售后退换货要超出同行业的水平,不要怕损失,这点损失对于顾客维护是绝对值得的,做得好,甚至今后每年几百上千万的广告都可以省掉。比如,用户排队,一般商场送水、可乐表达温暖,你就送汇源果汁;一般商场大品牌售出很难退货,你就以商场名义给顾客退掉,品牌不接受,你就建个礼品库,将来可以作为一些促销赠礼送出去;再比如,一定要有免费的商品或服务,可以很窄很小,但必须是日常的,而不是促销才免费,就像海底捞等座免费喝饮料、吃茶点;再比如,每月每周要制造一些顾客想象不到的惊喜……长此以往,购物中心或商场不人满为患才怪。

企划及会员,这就是大数据了,线上、线下必须整合在一起,对于顾客来讲,是没有O2O的概念的,只是因为要顾客全场景方便下单、消费、支付、退换货、查询、比价、分享评论才使O2O成为现实。企划推广中,微信朋友圈、微博社区、论坛、QQ空间都要充分利用起来,一些活动发布甚至可以选择微博或微信作为发布平台,每次产品上新、营销活动、团购体验、试吃试穿、感人的用户故事等,都是很好的推广节点。而会员的CRM(客户关系管理)系统也是线上、线下整合,在后台要看得到每个会员逛店、消费、点击、购买的频次、钟爱的商品等,形成有价值的大数据,作为招商运营调整的依据。

对于商业和互联网,当时想得的确挺多,又有彭小峰的刺激,我甚至都要自己创业了,并拟出了一个家居领域的电商服务平台模式,给卡撒天娇的两个老板看过,也给彭小峰看过,当时这几个老板都表示有意向要投资,甚至差一点要跟卡撒天娇签订合作协议了,因为后来的变动不了了之。这说明,我至少目前还没有做好创业的准备,而与此同时对万达的感情还在,所以当万达搞了一个人才回流计划并给我打电话的时候,我决定又回到曾经熟悉过的、战斗过的地方:北京CBD万达总部。

> **小贴士**
>
> 那段所谓的创业时光,真的是一种让意志和精神濒临崩溃的绝妙体验,直到最后,我更能体会到马云那句话:你一旦真正选择了创业,那就意味着上帝死了,一切都要靠自己!

四、万达的人才回流

以 C2B 平台为商业模式的彭小峰的非凡定美社倒闭了，而以 O2O 平台为商业模式的万达的万汇网也随着首任 CEO 龚义涛的离开也告一段落，电商平台的梦想需要的更多是从 0 到 1 的智慧，而非从 1 到 N 的叠加。

2014 年的商业已经开始急转直下了，零售百货慢慢进入寒冬。

此时的万达商业，又进行了一轮调整，首先是万达商管与万达百货双双建立四大中心：北、中、南营运中心，综合管理中心，三个营运中心的总经理是总裁助理级别，综合管理中心总经理是高级总裁助理级别，营运中心下设企划部、招商部、营运部，综管中心下设招商部、综合部、市场部、信息部、工程物管部、规划部等相关部门。

其次，是人事上的大调整，对于百货来讲，总经理孙靖寰被调任为百货常务副总经理兼综合管理中心总经理，新任总经理由集团内部提拔起来的沈嘉颖担任，沈总营销出身，曾是项目公司的资深元老，后又先后担任过大歌星、院线公司总经理及商管公司常务副总经理，此次调任万达百货担任总经理也是被寄予厚望。这里要说的是，此时此刻，商管与百货的级别是对等的，双方各大中心的总经理都是集团总裁助理级别，而商管总经理和百货总经理都是副总裁级别，双方共同的分管领导是当时的集团高级副总裁、后来的万达商业执行总裁、再后来的万达金融集团总裁曲德君（虽然分管内容几经多次变化，但曲总一直是万达商业的掌舵人物）。

因为架构调整及人才急需的现状，而外部重新招聘的人一是短时间难以全部到位,二是一些人到位后完全不适应万达节奏,万达集团开始了大规模的人才回流计划。我就是在这种情况下被召回的。

在我之前,已经有很多万达的离职老员工回去,比如原来市场部的乐新乐总,他去了百货的北区营运中心担任营运部副总经理,工资涨了三倍之多。

此时刚刚离开万达百货的刘绫(原市场部副总经理)给我打电话,说听说我要回去万达。我很惊讶,还没定呢,她怎么会知道。

她说人事已经跟她背调我呢,她帮忙说了不少好话,并且推荐的是南区企划部总经理,还说同时她也推荐了我提拔过并在我手下担任过经理的张玉琴做综合管理中心市场部的主任工程师。

这里要说明一下,主任工程师是万达集团对于技术岗位的高管的称呼,从管理层级上,这个岗位可能在副总经理之下、经理之上,但从薪酬级别上,多数主任工程师的薪资是高于副总经理的。万达的惯例,主任工程师都是高管高职,而副总经理则不一定是高管高职,有很多则是员工级别,比如回流回来的乐总以前虽然也是部门副总经理,却是员工级别,而此次回来同样任部门副总经理,则成了高管高职级别。

刘绫则是在万达待了7年之多,她选择离开也是出于无奈。最主要的原因是丁遥总离开后,她不是很受其他领导赏识,并且工资停留在了员工级的2万左右上,几乎没有可能再往上升了。后来她自己创业,先是与别人合伙做台湾化妆品,失败后又做商品特卖,现在则找到了感觉和路子,与别人合作进行三四线城市的商业地产招商运营规划,据说连续拿了几个案子,都是7位数以上的服务费用。

我虽有创业之心，却无刘绫之魄力，所以还是选择了回万达打工。但很奇怪的是，明明是推荐我为南区企划部总经理候选人，安排面试的领导却是管综合管理中心的孙靖寰孙总。

跟孙总聊了大约半个小时，过程很愉快，后来人事告诉我他认为我营销经验很丰富，对我是满意的。接着是沈嘉颖沈总面试，这个过程可是完全的极致压力面试。

刚进他办公室，第一句话他问："听说你是因为区域取消了离开的？"我回答："也不完全是，还有是因为……"

我的话未说完即被打断，沈总第二句话问："你说说原来的万达百货为什么没做好，根本原因是什么？"我回答："是百货模式没有创新。"

沈总很不满意这个答案，他厉声说："你们原来的百货员工人人都谈高大上，谈战略！"我没做声。

他进一步说："我来了一个多月，百货4月份第一次超额完成指标，5月份也会完成，根本原因就是执行力不行，你们原来的百货一帮人是最不像万达做派的人！"

我一下子不知如何作答。他又问："你这次回来，准备干多长时间？"我还尚未开口，他接着抛过来一句："要在我手下干，我是听其言更观其行，如果你要半途离开，我会让你在整个行业里没法立足。"

面试到最后，他总算问了一个业务上的问题："如果每周都要做促销活动，一年52周，你准备怎么策划？同时又如何将这些策划方案传达给各个区域、门店，让他们执行到位？"我的天哪，每周一个活动，这可是从来未有过的！我只好支支吾吾地回答："一是可以按照品类来划分主题活动，每周做不同的品类；

二是可以按照节日来策划。"沈总似乎有所沉思,然后又说:"你这些回答都太笼统。"

面试结束了,我擦了脸上的汗水走出沈总办公室。天哪!这是我职业生涯这么多年以来最艰难的一次面试,我简直像个小学生一样不知所措。后来在北京与已经离开的志宇总一起吃饭,我提到了这次回来万达曾经历过的沈总面试,志宇总神秘地笑笑说,体会到了吧,这才是万达呢!

面试结束以后,我回到深圳,告诉了我老婆整个过程,说孙总那里应该没什么问题,但沈总那里可能不是很理想。我老婆听完整个过程告诉我,她觉得反而是沈总那里更有希望,因为他不是在聊天,而是基于整个工作在向你部署呢!

我有时候挺佩服我老婆的,她因为跟我反复搬家,最终辞掉了工作,全职在家照顾家庭和女儿,但她总认为她在工作上给予我的帮助最大,虽然我是死不承认。这次我老婆猜对了,最终沈总决定录用我,但职位不是南区的企划部总经理,也不是我内心认为的综合管理中心市场部副总经理,而是综合管理中心市场部主任工程师!据人事说,沈总刻意让给的这个岗位,他要先看一看再决定提升我,但是薪水可以给高一些。

好吧,我不计较这些了,因为此刻我接受这个待遇及岗位,就意味着我已经是万达集团的高管高职级别了!

这在以前是很难很难的,当时百货早期,多数门店总经理都只是员工级别,像老崔,即便是担任名义上的区域总经理了,也还是员工级别!然而,我内心稍稍有些不平衡的是,我曾经的下属张玉琴也面试成功了,她的职务也是综管中心市场部主任工程师。

张玉琴是个很不错的市场推广人才,我当年做百货市场部副总经理时，把她从南京店市场主管提拔到无锡店市场部副经理，后来又提拔到总部市场部担任经理，是我非常得意的帮手。而现在，她虽然薪酬级别比我低，但职务级别跟我一样了，甚至引发了很多人的传言，说她来综管中心市场部，是整体负责营销活动，我是她的手下。

传言说有人向领导建议重用张玉琴，因为她是能干具体活的人，而我则是领导当惯了，不一定踏实好用。而当时南区企划部副总经理孙萱（曾经北京店市场部经理，也是我手下）则电话问我，说有领导向她咨询我与张玉琴单纯从做案子的角度，哪个更好用，还问我到底怎么回事，怎么让张玉琴骑到脖子上来了！

我说没有，当时我来之前跟我讲的是我来负责，张玉琴辅助我的；接着我问她："领导问你，那你怎么说的呢？"孙萱已经不是我以前认识的经理了，她没有老实告诉我，反而反问我："你觉得我会怎么说呢？"

最终人事部澄清，后来孙靖寰总正式宣布，我是市场部中营销活动、美陈、公关三大块业务中的营销活动负责人，张玉琴是我的手下。这个事情总算告一段落。

各位如果还记得的话，万达百货市场部的总经理从李志生换到了徐培柏，老徐是当年丁总走之前引进的，曾经历任江西洪客隆百货总监、华润万家江西公司百货总监，又自称"向全国人民贩卖时尚"，虽四十多岁鬓发半白且略有秃顶，却对新鲜事物很爱钻研，尤其对翻墙上推特、脸谱等网站兴趣浓厚。

他总经理的好日子没过多久，连续换了几个分管的领导，对他并不是很满意，一直到沈总上台，他先是被调为百货中区企划部总经理，但是一个月之后被退回，于是又回到综管中心，担任的是市场推广部副总经理。其实这是降职了。

我回万达百货之后，综管中心市场推广部并没有总经理，而孙靖寰孙总告诉我目前部门没有负责人，我跟老徐都是单独负责一块，我是营销活动，老徐则是公关和美陈，我们都直接向他汇报工作。

老徐则与综管中心常务副总经理殷总沟通得多，又因为市场部事情繁杂，的确需要一个总协调人，殷总便让老徐在部门行政事务上暂时总协调。

于是，我刚到公司，老徐便安排我一项年中庆的相关工作。我说我先熟悉，我自己的工作我自己来安排。他很惊讶，问我：知道自己入职万达的岗位吗？

我说当然知道。他重复了一下，说："你是主任工程师啊，现在部门这么忙，好不容易盼你来了，你还不赶紧帮忙啊！"

我一看这架势，是要做我上级的节奏啊，我也生气了，便说："我有别的事，你的事情自己做。"

很快，他跑去殷总那里告了我一状，大意应该是说我刚来就不服从管理，导致部门的工作无法协调进行。如果再延伸一下的话，可能会有人觉得我跟张玉琴同样是主任工程师，但我肯定不如张玉琴好用。

这是一个危险的信号，危险之处并不在于大家对我的工作能力认可与否，而是在于部门实际上想要的是一个能够服从指令、做具体营销活动策划及实施的执行人员，而非一个进行发号施令的高级管理人员。这才是巨大的偏差！我曾经就是总部部门以及区域的副总经理，转了一圈回到总部，薪酬提了一大截，却反而成为市场部里服从别人的指令去做策划活动的人，我是万万不会同意的。

于是，我又去找了孙总，并提出能否让我调到下面的门店去。孙总批评了我，说他让我来就是要在总部市场推广部负责营销活动及管理的。我说：不是有徐总在吗？

孙总瞪着我说："如果他行的话，我还招你来干吗？！"听完这话，我心里有底了，说："好吧，孙总，我听您的。"

很快，张玉琴也到岗了，一切谣言不攻自破。玉琴还是个懂事且聪明的女孩子，她来之后我不再是光杆司令，很多策划工作及向领导汇报的PPT我都安排她来做，虽然会多次按照我的意思反复修改，但她依然十分配合。而我与老徐，则慢慢地开始消除误会。

小贴士

我想起一首诗：去年今日此门中，人面桃花相映红，人面不知何处去，桃花依旧笑春风。我曾跟同事交流，说万达百货跟丁总在的时候完全不一样了啊！得到的是一个白眼：丁遥的时代早就结束了！

第十章　百货变局

一、第四届珠宝节惊魂

　　我接手了珠宝节的案子，并着手两步走：一是完善活动方案，二是统筹一些珠宝品牌活动资源。活动方案基本完成了修改，这是轻车熟路，不要忘了当年第一届就是我主导策划的；活动资源方面，我与综管中心招商部的同事一起出差深圳、上海，先后洽谈周大福、周大生、欧莱雅集团等。

　　这次的洽谈，我感觉到品牌供应商虽然也有配合，但不像最初那样热情和投入，出差两天后我们回到北京，也算拿到了一些合作资源。于是整理好活动方案PPT，我向孙总进行了汇报。孙总表示方案基本可以，但要听取一下三大区的意见。这便是与原来市场部的最大不同了。

　　原来总部市场部，基本上方案确定后是下发各区域、门店执行，执行过程中可以有调整。但现在三大区也是总部，区总更是集团总裁助理级别，与当时丁遥总经理的级别一样，并且指标要三大区来背负，所以就不能只是下达活动指令而已了。

　　因为老徐前期主导的珠宝节，后来我接手并做后续跟进，所以我跟老徐一起面向三大区的企划部总经理们开会讲解珠宝节。

三大区的总经理都不是善茬，其中北区企划总经理老魏还好，但他说了不算，反而是部门副总经理袁总说了算，因为小袁与区总娄总沟通更好一些；中区的企划团队基本上是新世界过来的，总经理洪洋是曲总裁面试招进，虽然是尚未结婚的"70后"女孩，但性格中极有控制欲，不断提出的问题让老徐和我应接不暇；南区的企划部总经理王冉总则刚刚到岗（原本候选人是我），也是一个女士，并且她的到来导致南区企划副总经理孙萱十分不满，内部配合一团糟，孙并不买王冉总的账，但王冉总很快跟中区的洪洋总附和起来，基本上中区提出的质问也代表了南区的意见。

所有的质问意见中，大家集中意见最大的是老徐提出的基于珠宝婚庆节做婚博会的方案，前期老徐已经跟国内一家著名的婚博展览公司洽谈好了，说是提供万达广场的中庭，由这家公司配合我们的珠宝节做婚博主题展。

三大区的企划部老总们都是人精，估计看到了这里面有猫腻，全国近100家万达广场至少拿出40家广场中庭给别人做婚博展，由别人来收钱赚钱，大家心照不宣地觉得老徐一定是吃了这家合作公司的回扣了。

而老徐的解释是，婚博展是很好的一次全国性珠宝婚庆主题展览，可以先由三大区企划部去协调当地广场，如果当地广场能自己做，不用总部牵头的公司也可以，甚至能协调多少家算多少家，不做硬性指标要求了。老徐的话还没说完，洪洋她们便打断，说这个场地本来就不应该是三大区协调，而应该是通过综管中心市场部去统一协调。

其实我知道老徐已经将珠宝节期间对于万达广场的场地需求报上去了，并且曲总裁已经批示同意了，但即便如此，具体哪个广场落实还是没个准数，而落实每个具体广场是三大区自己的责任了。但是很明显，大家都在推诿。

"这工作简直没法推进了！"我跟老徐抱怨。老徐哼了一声，说："你才知道啊，那你当初还不帮我！"我只好去找孙总，请孙总主持会议，尽快将珠宝节活动定下来，并且提醒孙总，老徐布置的婚博会可能被三大区抓住了把柄，现在落实的没有几家。孙总主持了珠宝节的协调会，由我主讲了方案，然后征询三大区的意见。因为是孙总主持会议，三大区的企划老总们都不敢多说什么，于是孙总就拍板方案就这么定下来，抓紧去落实。

我心里终于落下了一块石头，珠宝节方案从老徐来时策划到我接手跟进，来回折腾了三个月，终于可以进行了。但又转念一想，这么重要的需要三大区落实的活动，孙总主持召开协调会，怎么没叫三大区的总经理，而只是叫了三大区下面企划部的总经理呢？

北区的总经理娄总，是从商管公司调过来的万达商业的大咖，也算女中豪杰，经常在办公室骂人，有一次我听到她直接边骂边把北区刚招进来的营运部一个主任工程师给开掉了。

中区总经理是新世界过来的高管，在业内也是大咖级别，下面部门的老总们也多是其新世界旧部。

南区的总经理张总刚刚入职万达不久，也是万达集团高薪从大洋百货挖过来的行业前辈。

北区娄总、南区张总都是万达集团总裁助理级，中区总经理则是集团高级总裁助理级，与孙总一个级别，但孙总在商业零售行业的地位应该比这几位总经理略高。很多人传言，说孙总自从被拿下百货总经理一职之后，肯定是要走的，但如果其他地方没有合适的机会,他也是暂时不会轻易离开。

珠宝节的协调会,孙总拍板初定。很快,沈总在1号会议室主持召开了一场声势浩大的珠宝节活动协调会,参加者有沈总、孙总、三大区总经理、综管中心市场部、综管中心招商部、三大区企划部、三大区营运部、三大区招商部、财务部等,记得参加会议的人有二十多人,很多人是坐在会议桌的最后一排,表情严肃地记录着什么。

汇报方案的是老徐。

重要的话说三遍:汇报方案的是老徐,汇报方案的是老徐,汇报方案的是老徐!但我犯了一个极其愚蠢的错误,差点酿成被辞退的悲剧。

老徐在讲解方案,沈总中间多有打断,质问他各项落实的情况,老徐一些问题回答不清楚。因为后期活动是我跟进的,于是我便插嘴进行了解释。

沈总看着我,质问道:"北区天津店周大生的精品展为什么没落实?"

我回答:"已经多次沟通,是因为周大生的展高度太高,正在协调修改,并且我们已经告诉了北区企划部,让他们在跟进。"

沈总突然大怒,问:"天津离北京远吗?为什么不过去一趟落实?!"

我回答不出。

PPT放到了婚博会那一页,沈总问:"这个落实了吗?"我回答:"这个还没落实。"

后来我暗骂自己,婚博会的事我为什么要抢着回答呢?

最后沈总越往下听汇报越生气,就问:"这个活动你们综管中心市场部谁负责?"看到大家都没有说话,并且孙总也没有说话。我又忍不住了，回答道："原来是徐培柏总负责，后来我来了，孙总让我来负责跟进这个活动。"

沈总冷笑了几声，连说好好好，接着突然很低声地跟我说："你先出去一下吧。"

我愣了一下，只好出去了。在外面待了不到半个小时，突然收到玉琴的短信：如果你走，我也一起走。

原来沈总叫我出去后，很快把人事行政部总经理庆华总叫进来，告之说："让刘文涛走吧，抓紧办手续！"当时很多人都震惊，包括后来听说此事的晓风总，他问我到底是怎么一回事，我说可能是工作没汇报好吧！

而我当时证实让我离开的消息后，内心大吃一惊，怎么也没想到会弄到这个地步！瞬间脑门直冒冷汗，甚至衬衣都湿透了。没想到抱着一心希望回到万达，却不到两个月就落得个被劝退的下场！可怜我一腔报答当年万达的痴心！

"我本将心向明月，奈何明月照沟渠！"我记起当年常务副总经理赵总离开时也曾作此感慨。

好好好，你不要我，我也不必觍着脸黏在这里。于是，我去主动找人事部，恰好总经理庆华总没在，我便跟负责招聘的副总经理超总说抓紧给我办离职吧。超总问了原由，他长叹一声说："哎呀，你呀，这完全是你自己找的！"

我请他详细说明。

他说："沈总召集了那么多人开会，摆明了要综管中心市场部承担责任的，本来活动汇报的是老徐，你为什么偏偏中间插嘴呢？如果你不多说话，就让老徐说，沈总生气发火冲的就是他了，这次珠宝节的一些重大问题也是老徐引发的，要走也应该是他走啊!"

我恍然大悟!顿时如五雷轰顶!

不过事已至此,我说我认了。他说:"你别着急,还没有人通知我给你办离职呢,孙靖寰总也说让等一下,他说他给沈总解释一下,你就不用离开了。"

我心情极为黯淡地回到家,给孙总打了一个电话。孙总那边并没有当回事,可能他也见多了沈总的发火,就说:"没事,我明天跟沈总说一下,你该怎么工作还怎么工作。"

想到是因为我多说话引发的事故,我想有必要跟沈总解释一下,尤其是不能让沈总认为引发公司多人猜忌其中有猫腻、并导致无法落实的婚博展是我主导的。

于是我发了一条微信给沈总,大意是说:这次回到万达,我还是尽心尽力去工作的,珠宝节的方案有几处没有落实,我也有责任;不过因为我来的时间短,很多活动如婚博会早就定了,我虽也提出过异议,也跟孙总汇报过,但毕竟此事不是我谈的,我作为综管中心市场部一员,活动落实得不理想,我十分惭愧,愿意接受公司处罚。

很快,沈总回信了,只有一句话:我已知道婚博会的事了。

我突然如释重负!心想今天这可真是一波三折啊!果然,第二天人事也没有找我,估计不少人等着看我被辞退的笑话,但终于没能成为现实。

接下来的珠宝节及其他活动我就正常例行公事地去做,不该我管的我绝对不会多说、多管。本以为就可以这么混着了,没想到很快沈总主持召开了一次市场部的会,而且是跟商管系统的市场部一起召开的,而这个会,则又改变了我在万达商业市场系统的地位，使我成为真正被认可的分管百货营销活动的市场部负责人。

> **小贴士**
>
> 别看在万达这么多年历练，但这次事件让我懂得，自己的职场命运还很脆弱，自己的实力和技巧还差很多！

二、复被重用

沈总在珠宝节汇报第二天，召集包括综管中心及三大营运中心高管在内的人开了一个大会，主要议题是市场推广部的管理分工，我也被叫去参加。

会上，沈总宣布了两件事：一是综管中心市场部暂时不再由孙总分管，而是归沈总直接管；二是明确了市场推广部的三个业务板块，美陈板块由新来的部门副总经理赵剑负责，网络及会员板块则暂时由老徐负责，营销及公关活动板块目前缺一个负责人，他回头跟孙总碰一下看，要求尽快将活动板块的副总经理安排到位。

综管市场部的三个板块的负责人都要求是副总经理，并且原本归属于会员及品牌的公关活动，也被沈总归到了营销活动管理范畴中，这是一个新的变化，也是壮大了营销板块的力量。但貌似已经与我无关了。唉！

至此，相信很多人已经看明白了沈总的棋招，先是通过珠宝节让市场推广部汇报，找出了该部门管理的重大问题，然后再利用问题做文章，顺理成章地将市场推广部收归自己管理。

我也算明白了，沈总要自己管市场推广部，一方面是平衡总经办的权力，更重要一方面可能是，他想通过市场部策划营销活动提升业绩，来撬动万达百货的整体经营工作。

我恰恰是撞在了枪口上，差点成了牺牲品。而老徐当时在我旁边坐着，手抚在电脑键盘上，一直哆嗦个不停。

此次会议上，老徐没有被安排来负责营销及公关活动，而是负责网络及会员，这其实是一个并不重要的业务板块，明眼人都知道，营销及公关活动板块才是市场推广部最核心的业务，也是整个部门所有工作的协调中枢，这样的安排，说明沈总对他真正是心存不满了。

而我既没有被安排负责哪个业务板块，也没有再被提起劝退，好像被无视了一样。老徐过来安慰我说："这样挺好的，你不用负责什么，低调做事更好，反正工资照拿。"

我也就装出一副无所谓的样子，默默地上班、下班、做分内的工作，不多说一句话。

关于上班，万达集团总部规定的正常上班时间是早上8:30，王健林董事长一般是7点来钟就到办公室了，很多副总裁、总裁级别的高管也是更早时间到公司。当然，并不是所有高管都如此，很多人也是踩点上班，只要在规定时间之前到就好。而我因为差点被劝退，心情不怎么好，就更没必要早去，于是节奏如下：早上7点半起床，8点钟出门（当时住在南郎家园，距公司步行8—10分钟），8点10分左右到总部食堂吃早餐，15分钟后吃完，恰好8点半之前到办公室上班。

忘了是沈总开完市场部分工调整会的第二天还是第三天，我正在食堂吃饭，张玉琴电话打来，说涛总，赶紧来开会啊！

我满不在乎地问，这么早开什么会？玉琴那边低声说了句：

"是沈总给大家开会！"

啊？！刚刚因为珠宝节汇报差点被辞退，这下子开沈总的会又要迟到，彻底完了！我连忙放下碗筷，快速往公司走去！

走着走着，我反而放轻松了，无所谓了，大不了走人吧，千里马未遇伯乐，终归是头驴而已，既然此次回来万达得不到施展机会，我索性也不打算继续在此混日子了！

就这样慢慢到了办公室，其实还不到8点30分，但一号会议室已经坐了不少人，我一看，基本全是万达商管和万达百货两个系统市场部、企划部的人。我推门进来，发现所有人的眼睛都盯着我，我看到会议桌边上有一个空座，于是爱谁谁地直接过去坐了下来，等待着暴风雨的到来。

结果没想到的是，暴风雨没有来。而沈总盯着我问了句："你不懂规矩呀，你迟到了还敢坐前面，到后面去！"

我一听，说"哦，好"，就后退了一步，坐到了后面的一排座位上。

原来这次会议是沈总召集万达广场、万达百货两大系统的市场、企划人员，开始共同讨论接下来的营销活动。商管公司的市场部总经理阜长总也是沈总以前的下属，按照沈总的做法，以后所有百货的营销活动是要与商管公司共同策划、共同执行的，并且明确这个共同策划、实施的市场总牵头人是阜长总。

解释一下，阜长总是营销高手，不仅深得沈总信任，更是得到了曲德君总裁的支持，所以，他能够调动起整个万达商业甚至电商系统的营销资源。

讲完了两大系统市场、企划部门对接的营销活动之后，沈总又向商管公司的营销同仁们介绍百货市场部三大板块划分：美陈、会员两块是赵剑、老徐负责，营销及公关活动这一块由刘文涛负责！

什么？我没听错吧？我相信所有人也都跟我一样惊讶，包括老徐、北中南三大区的企划部总经理们。别忘了，我此时还只是一个主任工程师，还不是管理层面上的副总经理，而大家都明白的是，综管中心市场部的副总经理，约等于三大区的企划部总经理，虽然名义上后者更高一些。

相信大家可能惊讶的是，他不是要被沈总辞退吗？怎么才过了两三天，没辞退反受重用了呢？

好吧，回过神来以后，我想这没什么值得大惊小怪的，我5年前早就是整个百货总部的市场部副总经理了！做这个职务，虽然门店多了不少，对我来讲还不是轻车熟路？！

当然，我想错了！如今的万达百货不是5年前的万千百货了，做成一件事所需要的条件比以往复杂了不下一万倍（夸张修辞）！后来的确面临着很多难以忍受的时刻，但我不但坚持做下来了，而且还成功参与，并在一定程度上主导策划了名震一时的万达广场百店同庆。百店同庆取得了巨大的成功和领导们的认可，当然市场部的主要功劳会被领导们记在商管的阜长总身上，而我这边没有掉链子，甚至在娄云总（北区总经理）的总负责下，还略略给百货长了脸，也算是功劳一件吧，这也为我接下来很快去百货南区做企划部总经理做了良好的铺垫。

彼时我被明确指定负责市场部的营销策划工作，首要的是两件事：一是从总部层面规定出营销活动界面划分及三大区参与的策划机制，二是负责百店同庆百货层面的活动策划。

前者还好，我出完一份文件给沈总看，他主持召开了三大区的会议，并由我来宣读文件，问及三大区意见时，包括北区娄云总在内的各位大佬并没有异议，于是通过。只是后来真正实施的地方不多，因为期间种种变化，甚至沈总当时可能想通过这种活动策划机制来管理三大区，但并没有成功。

突出的一个例子是，当时沈总召开会议，我们拟定了秋季上新活动方案，主题是"秋品抢鲜"，促销再配合时装秀，经过讨论、修改后下发三大区执行。最终效果差强人意。很快，曲总裁在各个总经理群内提出，形象好、高大上的策划活动并不适合万达现状，秋季尝鲜效果一般，是否在8月底9月初来一场"夏季季末最后出清"大促拉动销售？

很多人都说，沈总虽然强势，但商业毕竟不是专长，上面有曲总裁分管，很多时候还不如以前的丁遥总权力大。

8月策划的秋品抢鲜并没有带来良好认可，接下来我抛出了"百店同庆"方案，沈总、孙总、三大区总经理及各个部门高管都参加了会议。结果，在这次会议上，我讲完方案，大家开始提意见和建议，几乎所有的人都对方案提出了质疑，并各自阐述观点、方法，其实是与我写的方案大同小异，可以融合、完善、修改的。但在那种气氛下，很显然，大家形成了一边倒的否定意见。

我看到沈总的脸色极为难看，临近会议结束他做了一个极为高明的安排：百店同庆活动分为两大组，一个是资源整合组，主要是供应商资源洽谈，由孙总负责；一个是活动策划组，由娄云总负责；而我则负责对接两个组，并协助娄云总的工作。

这简直太绝妙了，活动策划上升到总裁助理级了，并且娄总负责出来的方案，不但北区为主导的三大区必然接受，而且曲总裁也基本不会反对，同时又让我带领三大区企划总经理参与策划，并与商管阜长总对接、沟通，这样也体现了百货综管中心市场部策划职责，可谓一步好棋。最后我们不但策划出了"36小时不打烊"的经典促销方案，同时结合姜文《一步之遥》即将上映,推出了"全国抽取南极大奖"的主题 PR 活动——南极梦想,一步之遥。

在最终汇报时,沈总给予了高度评价,说这次活动策划比商管的方案还要好,娄云总功不可没;而向曲总裁汇报时,也基本获得了通过。后来的实施效果,也是取得了超额完成指标的业绩,可谓大获成功。

老徐就没那么幸运了,他面临的暴风雨来得比我当时珠宝节时还要凶猛。

那是我刚刚汇报完百店同庆结束,我们回到座位上。沈总过来问老徐:"你的卖场音乐方案什么时候看一下?"老徐说已经出来了,随时可以看。

沈总勃然大怒,骂道:"那你为什么都在开会的时候不说,大家时间都很忙,等散会了再去逐个召集?你是猪吗,大脑怎么想的?!"

老徐一声不吭。沈总只好安排秘书,把三大区的总经理们和各部门高管再召集起来到会议室开会,共同听一下卖场的新音乐方案。

这个会议不属于我负责的范畴,我没有参加。但过程中突然听到沈总在会议室里"砰砰"的拍桌子声和大骂老徐的声音!原来是老徐在汇报中被认为讲得语无伦次、毫无重点,并且应该让大家听的音乐现场找了半天才找到。

沈总大概是无法容忍了,拂袖出了会议室,大喊人事部,叫他们抓紧办理让老徐离职的手续!并走到我办公座位前,让我跟老徐尽快交接,把工作先接过来。

小贴士

一个有知识、有经验的人,是否就是一个公司眼中能

> 干的人呢？在万达是不一定的。像老徐，就是前者，如果在没有压力的情况下，他可能是一个不错的商业能手和管理者，但如果是在领导的高压下，他不但动作变形，说话也变得语无伦次起来。这到底是个人的问题，还是万达的问题呢？

三、晋升南区企划部总经理

沈总对老徐的不满意已经累积了许久，从珠宝节之前，到珠宝节事件，再到音乐汇报事件，终于爆发了！

但很多人也有评价，说沈总虽然脾气不好，其实心地还是蛮善的，他基本上是对事不对人，你有了错，他骂你，你改了，他还会重用。包括商管的阜长总，据说也是被骂了三个月，后来工作进入佳境，便不再挨骂了，不但不再挨骂，而且还被升职为万达集团总经理级高管（万达集团总部部门总经理、门店总经理中只有一定比例的人才是集团总经理级高管）。

但老徐这次不一样了，沈总好像是既对事又对人。虽然也有人替老徐说好话，沈总的气也慢慢消了，但沈总依然对老徐进行了处罚：职位从副总经理降为主任工程师；卖场音乐的事情则由综管常务副总经理殷总暂时接过来负责。

此时，我与老徐的关系反而更加融洽了。其实，老徐的商业资历和专业知识还是很不错的，后来他经常跟我讲他当年的英雄往事，说一些奢侈品的大佬都与他相熟，给他面子，反而不一定给万达某些领导面子。我则开玩笑说他是选错了部门，要是选招商部门就好了。

不过，从另一个方面，也能看出老徐的确有他的一套，几乎每年的什么节假日或非节假日，老徐总能收到从全国各地寄来的特产，有时候是手撕牛肉，有时候是新疆阿克苏苹果，有时候是广东荔枝等等，我们就笑他，说是徐总女朋友们遍布全国。

百店同庆过后，综管市场部的地位依然毫无起色，各项工作的推动更是困难重重。于是，我给沈总发微信表明要去门店的想法。沈总的回复是：我想让你到南区做企划部总经理。

我吓了一跳，南区企划部总经理不是王冉总吗？难道她有什么问题？

其实，我们早都知道，王冉总在万达做得十分不开心。她在企划部虽然是总经理，但是向上沟通及向下管理并不很顺畅，因为南区筹建店多，2014年下半年几个月时间孙萱都在外地出差，后来王冉到来就基本上让孙萱只负责筹建，而后者意见较多，两人也产生了工作沟通上的矛盾。

王冉总的不开心不仅如此，她在沈总面前的汇报也面临压力，甚至有一次汇报，沈总不但打断她的话，还向她的桌子前扔过激光笔。作为传统商业的企划人，是没有见到过这种雷厉风行的工作作风的，王冉的心理压力可想而知。

于是，在即将结束试用期的时候，王冉总提出了离职；于是，我很快成为了南区第二任企划部总经理。

南区是一个万达百货很多人都想要过去投奔的地方，我在此之前也曾向南区总经理张总表达过到他那的想法，最主要的原因是张总是一个儒雅的、有经验的、且懂得放权和尊重人的领导，在他手底下工作会很愉快。

南区有三个部门：营运部、商品部、企划部。营运部总经理是原北京店总经理金总，后来他先后担任过万达百货北京区域及上海区域总经理，外任上海约两年，又申请调回北京，于是担任了南区营运部总经理。虽然营运与招商、企划都是理论上的同级部门，但万达商管及百货的营运部权力在三大部门中是最大的，主要是营运要负责指标达成，因此也就需要统筹协调招商调整和营销企划，当时南区应该是三大区中门店数量最多的，达到四十多家百货，而万达此时又将总部集中管控的风格发挥到了极致，所以我们的工作量是十分巨大的。

老金的工作作风比较强硬，责任心也很强，也是经常骂人，他作为张总的副手，正好一张一弛符合文武之道。沈总对这样的搭配也很满意，我到任南区后，沈总专门给南区开了一个会，说南区现在的人员配备及力量是最强的，希望能够做出更好的业绩来。

我现在揣摩沈总的策略，应该是总部抓几个部门，三大区则从南区管理突破。他给我们开了几个正式的会议，并且跟张总讲"慈不带兵、义不掌财"，希望张总能够再强硬一些。

最为印象深刻的则是沈总请我们整个南区总部晚餐。当时我们喝的是白酒，大家几乎都喝嗨了，其中我们的一个经理还唱起了快板，大家也纷纷向沈总敬酒。

沈总喝得有些控制，但最终盘算总量也喝了不少。他看见我腰间的皮带，指着说："刘文涛你都是总经理了，怎么还扎一条皮尔卡丹的皮带呢？起码要换一条杰尼亚的啊！"

我有些尴尬地回应着，说回头就换，回头就换。营运部总经理老金故意开玩笑地说换了腰带，还得换一下皮鞋、西裤、西装、衬衣，这样跟我们文涛总才搭配呀！

我连忙再来一次敬酒，先敬沈总，再敬张总。到沈总那儿敬完刚要离开，沈总忽然指着我的酒盅说："你要能连喝三杯，我送你一条杰尼亚皮带。"我看了一下酒盅,容量最多半两,于是一口气连喝三盅下肚!

大家趁着酒劲跟着起哄,说:"这是御赐黄马褂呀!我们也要啊沈总,不能只是偏向一个人。"

沈总说:"这样吧,皮带我送给南区,放在张总那里,由张总来分配吧。"这就是沈总的高明之处,第二天一大早张总把我叫到办公室,说:"沈总把皮带拿来了,你拿走吧。"

就这样,我如愿以偿地入职南区不久,还得了沈总一条杰尼亚皮带。而我开始全力开展工作,率领部门仅有的两个经理策划方案(副总经理孙萱更多时间是出差外地筹建),并且连续在"双12"、圣诞节、春节内购会、情人节几档营销活动中,助力南区赢得了业绩上的领先。记得最成功的"双12"、圣诞节、春节内购会等活动的业绩指标,三大区合计前10名中有6名来自南区!

慢慢地赢得了南区和张总的信任,我开始略微强势地处理工作。筹建店的企划准备工作我让部门副总经理孙萱跟另一位美陈经理主要负责,我这边则带着两个企划经理更多兼顾已开业的这四十多家店的营销活动策划。

后来到了2015年四五月份,促销上的助力作用衰减明显,南方又连续阴雨天气,终于在一次统一的五一活动前夕,南区的活动指标完成率遭遇了滑铁卢。其实从销售总额同比、环比来看,南区还是不错的,与北区、中区差不多,只是指标定得过高,显得完成率只有50%左右。

沈总大为光火,在会上对南区严肃批评,连张总都不能幸免。恰好那段时间我觉得南区企划工作做得还不错,就陆续跟张总、沈总提出能否到门店去,最好是广东区域,因为一方面,老婆、女儿还在深圳,关键是女儿在深圳读小学,另一方面,我一直想找机会能够到一线商场去做个总经理，总部企划的工作于我已经没有多大的成就感了。

沈总在批评南区五一活动做得差的时候，突然记起我刚刚提出过要去门店的事，便厉声呵斥我："你还说南区企划做得好，好什么？！就这个情况你还要下店？现在不是你要下店的问题，是我要考虑你是否下课的问题了！好，你要下店，那就去北区，到满洲里店去！"

此后我便不再提下店，继续战斗于南区企划部。而沈总对此次事件的定性是，南区从领导到员工，自己首先松懈，对下面区域和门店的管理也放松了，这是任务完成率低的根本原因。作为惩戒，他让南区在接下来的季度会议上做检讨，由营运部总经理金总代表南区四十多家店上台检讨。

很快，在我们的共同努力下，南区的业绩又提了上来。但是，南区的戏剧性命运才刚刚开始。

> **小贴士**
>
> 做南区企划部总经理这段时间，虽然也有不少纰漏，但基本上让我恢复了在万达的业务信心和管理掌控力，如果不是后来的变化，我想会更好。

四、撤店风暴

万达百货依托于万达广场，2014年算是完成了收入、净利双指标，年会上我们自然是大加庆祝。曲总裁也过来跟我们一起喝酒、跳舞，他一年的辛苦终于有了回报，我们也纷纷敬酒，并称他为"曲大大"。那天在花家怡园由万达百货包场，曲总裁向我们宣布：因为万达广场尤其是万达百货都完成了各项指标，王健林董事长认为曲总裁执行力非常强大，于是由高级副总裁升职为万达商业集团的执行总裁。我们也很高兴，大家一阵欢呼。

每年年底，万达集团都会酝酿大的组织及人事调整，曲总裁升职，商管公司分管综管中心的常务副总经理王志彬顺利成为万达商业副总裁，这时跟沈总已经一个级别了。商管三大中心中，中区的陈德力总经理升职为高级总裁助理（第二年德力总离开万达，据传以1500万年薪加盟新城控股）。但百货的领导们没有变动。

然而，2015年第二季度开始，一场关于万达百货裁员撤店的风暴悄然袭来。

首先，经过盈利能力测算，万达百货最终门店目标数量从目前一百多家直接关掉五十多家，剩余42家（后来又陆续更改、关掉几家），原定开业的门店都已经招了总经理及管理团队，也不得不停掉，这里面三大区都有关店指标，而南区因为筹建店多、开业店也多，成为重灾区。

其次，万达百货总部综管中心和三大营运中心陆续被裁掉，先是综管中心裁掉一大部分，像市场部的美陈副总经理赵剑就是率先被辞掉，工程物管部的高屹然总他们也几乎全部被辞掉，招商部除了几个老万达资格的招商副总经理被留在南区、北区，其余都被辞掉；中间有过插曲，就是中区率先取消番号、编制，全部编入南区，像原来中区企划部总经理沈君及其团队则归我统筹管理。

再次，万达百货由原来与商管基本级别对等的地位，陨落降为商管公司一个中心——百货管理中心，下设营运、招商、企划等核心部门，中心总经理也是集团总裁助理级，与商管其他中心一个级别。

接着，也是一个振奋人心的好消息，张总跟我们讲，曲总裁找他谈了，决定最终关店及合并后的万达百货，也即商管公司未来的百货管理中心老大是张总。张总也表示，将来百货的核心团队还是南区为主，也就是说，无论百货怎么关店，我们基本上可以确保无忧。

当然，像沈总不用担心，他是集团认可的忠良砥柱，后来调到文化集团任副总裁兼体育控股中国区 CEO；北区娄总据说调往商管公司做招商中心常务副总经理，也是一个重要的实权职位；中区最早从新世界来的总经理早已离开，后来是综管中心常务副总经理殷总担任负责人，殷总也是曲总裁以前的下属，安排到了商管公司武汉区域任区域总经理，虽然是职位下降，但武汉区域接近 20 家万达广场，也是非常有实力的区域。

而孙总，就是曾经担任过万达百货总经理、被万达集团视为挽救百货的重要力量的孙靖寰总，不得不离开。后来孙总去了广州的祥能集团，做得风生水起。

万达百货走到今天，不仅仅是万达自身的问题。令人不胜唏嘘的是，我曾就职且引以为豪的巴黎春天广场也已经于 2014 年 9 月 1 日关店，那天夜里我完全没有睡意，就写下来如下文字纪念：

论春天百货的倒掉

大约一月前，即有朋友微信我说青岛的春天百货将于 9 月 1 日永久停业！我先是愕然，继而惊诧于王府井收购后的关停之迅速，遂又叹息起传统百货今时戚戚然又不可逆的命运。

春天百货最早叫海信广场，后为宝姿集团收购改为巴黎春天广场，其时仍为青岛高端百货翘楚，卡地亚、阿玛尼、波士、杰尼亚、博柏利、劳力士、欧米茄、伯爵、韦图、兰蔻、雅诗兰黛、迪奥等大牌齐聚，一时风头无两；而我此时负责企划部，既有领导同仁支持，也陆续招进来几位后来成为万达百货市场骨干的得力新人，一起见证、创造了史上最高销售及利润纪录的年份。

然当是时，我虽未深刻意识到电商冲击，却对商圈边缘化、顾客老化心有余悸，便时有好景不会太长的担忧！这也造成了我后来奔赴万达的重要原因。

果然，自万达（当时叫万千）百货如火如荼开店发展的2008年开始，巴黎春天却每况愈下，虽春天百货总部连续收购国内商场（如北京赛特等）并成功于香港上市，其业绩仍难如人意，如此经年，终致易手王府井。今天之关店，实乃意料之中、不胜唏嘘之事！

或曰，百货黄金十几年，以位置商圈之便、二房东之职、行联营扣点之实，其自身价值先天缺失，终致今日之衰；又曰，电商来袭，以价格之惠、促销之猛、购买之便，日益分食百货份额。此皆局部真理之论也！

若增加自营，则受买手所限，恐背大量库存难以消化；若决然转型电商，君不见苏宁易购亏损之窘状乎？况最近天猫携手《时尚》杂志，欲以时尚潮流平台打造而纠过往价格低廉之恶名，又有东方卫视栏目《女神的新衣》出世，天猫独邀品牌供应商看设计师明星秀以效仿米兰巴黎时装周之买手做法，据此推出天猫明星同款！

如此则百货何以处之？

有师者曰：百货时尚造梦之场也。且试谈下如何在互联网时代维持此价值：一需大数据反推的预售、订制式商品自营，以补充联营下的毛利下滑；二需单品管理的推进，以便自动检索商品 Sku（Stock Keeping Unit，库存量单位）、库存等，从而符合大数据应用的逻辑；三需O2O，线上加线下的全闭环打通，顾客才会消费得无障碍、更轻便。

以上所言自是多有偏颇，而春天百货倒掉的轰然之声，则在我们这些从业人员的耳畔回响着，仿佛在提醒我们不远处还会有下一声。

写下上面文字的时候，我虽有伤感，但依然信心十足地对很多朋友说，不用担心，如果百货最终要退出历史舞台，万达百货也是最后倒掉的一家，因为我们对万达有信心！岂料话音刚落不到一年，万达百货五十多家店的命运便与巴黎春天一样了。

有一段时间，几乎每周甚至每天都有人离开，我们也每天看到办公室里的空位越来越多。

那段日子，老徐经常跑到我办公室，说着谁谁谁又离开了，谁谁谁要去商管了。我问他综管市场部现在还没走的几个人，最后怎么定的，他说还没定，可能他自己要去电商。

我说："你看，负责会员及电商当初你还不愿意，现在正好可以去电商了吧。"他摇摇头说，还没定呢，在运作。又说到总经理洪洋可能要被谈话离开了，她要找曲总裁，但娄总对她印象不好，曲总裁也未必保她。

不过到最后，洪洋不但没走，反而去了电商负责企划，当然职务从部门总经理降为副总经理，薪水据说未降，她又把一些离开了的市场部人员叫回去，但不包括老徐。

老徐后来很庆幸离开了，不但拿到了赔偿金，并且还很快找到了工作，先是在上海元祖的儿童广场做总经理，后来去了江西国光做百货事业部总经理，再后来又去南昌的铜锣湾广场做操盘人，总之职位、薪水都有了提升。

我们南区因为张总要被提拔为百货老大，所以那段时间南区并没有人离开；不仅如此，还壮大了力量，中区总部营运部、企划部、招商部的多数人员都合并到了南区，旗下的几十家门店也划归南区管理。我们更加忙碌了。

张总迅速进行了管理整合，营运部合并后依然是金总负责，并且被授权在张总出差的时候代管整个南区各个部门和门店；招商部总经理王康已经离开，由南区另外一名副总经理代管合并后的部门；企划部自然是由我负责，原中区企划部总经理沈君协助我工作。

同时，南区还成立了退店小组，负责几十家门店关店及后续处理工作。而就是退店工作汇报，成了整个南区被逆转的导火索。

事情是这样的：

曲总裁要听取南区、北区汇报百货退店的各项具体工作，恰好张总包括金总都出差了，于是南区的汇报就有下面营运部一个副总经理曹总负责，而北区则是从娄总到部门总经理都在。

如果只是这样，也未必直接带来南区的灭顶之灾，而引发曲总裁勃然大怒并彻底丧失对南区信任的是，当初所有关掉的门店要进行对品牌、员工等的财务赔偿测算，北区测算的结果据说是120万每一家店，而南区测算的结果达到了240多万一家店，30多家店增加出的赔偿损失就比北区多了三四千万！

曲总裁问到具体细节，曹总因为慌张，也没有回答上来。于是曲总决定，中区那些要退掉的店直接归北区来管，而原来中区运营的店也直接从南区划到北区去。

张总是在外地出差时得到这个消息的。我当时惊讶的是，难道仅仅因为这个原因，南区就裁了吗？有人说，退店仅仅是个引子，还有更深层次的原因，据说在当初确定张总接任百货总经理后，曲总裁接到了很多对南区的举报，说南区疏于管理，很多门店总经理擅离职守，甚至毫不作为！

有意思的是，中区的门店归到了北区，但中区总部的人却依然在南区，娄总并没有要这些人。这样的滑稽局面没有维持多久，更大的噩耗传来：南区要被解散了！

我刚好从广州出差回到北京，就已经看到南区的人大批量地被人事谈话、离开。那段时间，我们不停地为战友送行，今天晚上喝了明天晚上喝，稍微清醒的时候在心里默默复盘：当初不是南区留下吗？怎么一下子被颠倒过来了？

后来很多人告诉我，张总的儒商做派其实不符合万达文化，而娄总虽然是女人，但强悍、准狠的作风恰恰是万达所需要的。甚至有局外人给出了细思恐极的一个解读：你们以为当时是张总接百货，南区核心保留，但有没有想过这可能从来就是一个假象呢？所有的一切变化都是计划好了的？

当然，这已经不重要了，重要的是我们输了！

虽然公司跟我也谈过，说推荐商管、推荐电商，但最终也没有合适的岗位。我知道，我的万达集团的职业生涯要终结了。

小贴士

百货的结局让人始料未及，其实本可以不必到这个程度。而万达的管理也到了该反思的时候了：可以管理集权,但是否更应该激发各个作战单元的能动性?可以以自己的收入、规模为傲,但是否更应该去思考用户满意度?可以用钱砸晕想招的人,但是否更应该建立以人为本的企业文化?等等。万达的成功犹如中国经济的成功,但现在已经到了发展的深水区了,速度与灵魂的矛盾,既得利益者与实干创新者的冲突,好大喜功与数字造假的严重程度……万达迎来史无前例的规模成功的同时,前所未有的挑战也到来了。而作为离开的我们能做的,只能是在远方默默地注视着、祝福着吧。

后　记

有人问：当初万达百货人才回流，领导班子、组织架构调整，充分表明万达集团对百货坚定支持的信心，并且万达百货一直在谋求上市，怎么才一年半时间就发生了如此翻天覆地的变化呢？

这从另一角度说明万达是一家极为务实的企业，甚至务实到了除了规模、现金、首富、指标等基本不谈用户、服务、体验的地步！当初为了支持万达广场快速开店成立万千百货，万千成功完成任务；万达广场不需要百货支持了，就需要百货自己输血发展并且要盈利了，于是团队更换、组织调整；因为外部环境变化及经营管理的效率较低，于是百货不再追求第一连锁集团，裁掉亏损店、缩短培养期，迅速达到盈利目标。

据最新消息，万达百货2016年虽然可能难以完成指标，但已经可以实现净利润1.2亿了。不过，据说还要关掉几个店，还要进行深度调整。

又有人说，事情弄到这个地步，早干嘛去了？其实，2015年初，集团和百货领导就已经开始着手万达百货的"互联网+"，研究创新模式，并组织我们研讨。但是，万达集团的"互联网+"是越来越娴熟，文化体育产业也越来越大，整个万达也越来越轻资产化，而对于百货却没有了耐心。

商业的"互联网+",大家越来越清晰,尤其是智能化广场的建设已经在全国风靡开来;百货呢?当初我们多次开会研讨,虽然没有定论,我却自认为有了更加清晰的认识,而在讨论中,我不断思考并抛出以下问题(最终发表在微信某公众号上,引起了很多从业者的巨大共鸣):

1. 到底是百货业绩下降还是品牌业绩下降?

少女装:绫致系、依恋系、艾格系,业绩增幅大幅放缓、下降!网上有篇文章《远去的绫致》写道,品牌老化、外部冲击,电商虽有较好表现,但只是承担下水道功能,总体较差。

鞋类:百丽系在2015年的一份业绩报告中写道,百丽国际(01880)首席执行官盛百椒指出,今年3至5月集团鞋类同店销售跌幅大于去年同期,他预计今年内地鞋类同店销售仍会下滑,并认为是结构性问题,已在总部加强品牌研发及营销改善,不过短期内仍难以改变。

运动:阿迪达斯、耐克、李宁等,前期下滑较大,最近有复苏,但仍然面临增长压力。

奢侈品、大女装、化妆品、钟表:都在下降。

结论是:百货和品牌供应商都在互联网时代流失了顾客,他们的下降有共同的原因。

百货下降原因:(1)内部:A.品牌老化;B.服务下降;C.顾客衍变;(2)购物中心、电商分流。

品牌下降原因:(1)品牌老化;(2)顾客衍变。

2. 百货做电商、零售彻底转型电商可行吗?

(1)百货做电商的代表:银泰(银泰网)、王府井(网上商城)、大商(天狗网)等以上基本上做得是无声无息,哪怕是做得最好的银泰网,也只能在2000—4000单/每日徘徊,免不了巨亏结局,后并入阿里巴巴;更别提每天只有几十单、十几单但投入接近1个亿的其他百货电商平台。

(2)零售彻底转型:苏宁易购,投入很大、决心很大、变革得很彻底,但他们基本上是在模仿别人,走的是京东已经在走的路,甚至还不如唯品会、美团、大众点评甚至聚美优品这些小个子在电商领域内的影响力大!

(3)新媒体营销或简单O2O解决不了百货的问题:目前做得比较好的有汉光百货、西单大悦城等,微信公众号不仅可以实现营销互动,还能对接CRM系统、实现会员维护,同时汉光百货更可以进行线上购物、微信支付等环节,从某种程度上是实现了O2O的闭环。但又能怎样?汉光也不能解决百货之殇,更不会成为一流百货,大悦城其实也只是与时俱进去营销而已。

所以,百货下降更本质的原因,基本上跟品牌下降的原因一致:品牌老化、顾客衍变。

3. 目前过得好的零售企业或品牌

宜家、ZARA、优衣库、迪卡侬、新百伦等,发现他们的共同特点:

(1)高质平价:尤其是ZARA、优衣库、迪卡侬、宜家,价格一直坚持平价,不做过高的品牌溢价,因为线下价格并不比线上高,所以他们在线下实体卖得特别好,然后也尝试开了线上商城,同时又不是甩货、特卖的下水道,所以全渠道经营相得益彰。

(2)专业解决:产品设计的专业性加服务的专业性。互联网时代推崇专业精神,如迪卡侬户外的专业性解决方案,小米也在专注做智能手机软硬件链条上的专业性,很大地增强了用户的信赖感和黏度。

(3) 延伸体验：零售的体验并不是在业态上增加餐饮、增加娱乐、增加文化等，而是在专业产品上配套、在专业服务上延伸，如迪卡侬的户外应用的购买顾问、专业售后服务，如宜家的家具现场组合试用、免费休息等，都是在业务范畴内的超出期待的体验。

(4) 时尚潮流：如ZARA、HM等，始终立足全球时尚一线，并且快速变化款式，不到两周就完成货品周转，而新百伦在运动类上也更加时尚潮流，这是增幅超越耐克、阿迪达斯的关键原因，他们都是给人以永不落伍的时尚装扮方案。

4. 万达百货的突破
(1) 轻资产还是重资产？

A．商业平台轻资产化是趋势，它最重要的是生态系统的搭建及各种有效链接，它的生存的生命线是流量（线上是流量，线下是客流）；

B．零售百货原本也是轻资产，属于二房东，但现在纯粹二房东的模式很难做了，因为"互联网＋"的时代，就是去中间环节、去各种渠道而直达终端的。

所以，百货应该往"重"里做，主要体现在供应链的深入及控制，也就是如何在研发设计、商品生产供应、库存处理、数据处理及专业服务等关键环节掌握住"商品"，并通过自身的终端平台及专业运营服务达到消费者。

> **小贴士**
>
> 商业越重越成功的有：亚马逊、京东、美丽说、蘑菇街、唯品会……

(2) 联营还是自营？

国内的百货做自营20年前就有尝试，但无一例外的没有成功。但这不代表万达百货不能从自营取得突破！

国内自营失败的原因：买手缺乏、库存压力、资产减值

放到今天，即使买手不缺乏，个人感觉按照原来的做法，自营也会失败！因为没有体现以上属于"互联网+""工业4.0"特点的4个零售做法：即高质平价、专业解决、延伸体验、时尚潮流，买手最多解决一个时尚潮流，且因为顾客消费的个性化、多元化都不一定解决得好。

我们原来拟定的母婴儿童、鞋包皮具、家居杂类、甚至化妆品集合、珠宝集合等，如果能够结合以上"互联网+""工业4.0"特性，以及再基于这些商品专业化的各类延伸服务和体验，都是可以作为突破的。

(3) 最重要的还是定位和模式

如果慢慢清晰，我们万达百货的定位可以是融合智能化购物场景的专业零售商，而不是单一的渠道商和空间实体，个人感觉会非常有前景。

步骤可能就是：A、专业自营突破——B、互联网智能购物场景实现——C、C2B专业零售商形成

> **小贴士**
>
> 如果按照"工业4.0"的设想，即通过智能化的产业链条融合，个性定制＋柔性生产能够实现，将来的商业一定是C2B的模式，即通过消费者的需求会聚进行反推生产，以及个性化定制。

(4) 互联网是思维和技术，而不是商业模式

如同电一样，将来肯定没有所谓的用电企业和用煤油企业的区分，一定全是用电企业；所以将来也没有互联网商业和实体商业的区分，一定是融合互联网的商业企业，要么是平台，要么是垂直专业，在这个基础上，所谓线上微信红包、线上微信及快钱支付，CRM 的微信系统打通，基于 Lbs（Location Based Service，基于移动位置服务）或 beacon（信标，一种邻近系统）的本地化，基于射频标签的单货／品管理等都可以融合，而这样的应用场景也才能有效。

5. 从 0 到 1 的启发

Paypal 创始人、Facebook 第一位外部投资者彼得·蒂尔在他的《从 0 到 1》一书中提到两个关于商业和未来的关键点：

(1) 创新不是从 1 到 N，而是从 0 到 1；

(2) 失败者才去竞争，赢家则选择垄断。

以上的区别就是，一个的目标是第一，靠拼速度、拼执行、拼标准化复制能力，在红海中凭借勇气和智慧厮杀，最终在惨烈的竞争中胜出，但最终的命运可能免不了利润微薄甚至亏损被淘汰的命运；另一个的目标是唯一，通过专利技术、网络效应、规模经济、品牌优势等形成壁垒，实现垂直型层级跨越，由此开辟一个垄断的蓝海市场，从而获得更丰厚的利润。

从 0 到 1 的企业，苹果是，Facebook 是，淘宝是，支付宝是，京东也算是，但苏宁易购不是。

而万达，也恰恰是从 0 到 1 的领导者，商业地产是，万达院线是，甚至文化旅游也是；但百货不是。当时做百货，行业已经

有了成熟的模式、地方龙头的企业、品牌商全国层级代理的利益格局，而万达百货却选择了按照传统百货的路子走，最后行业衰退，我们也更艰难。

……

当然，在关店决策形成后的大背景下，这样的讨论已经没有了多大意义，后来也就不了了之。

我自然是离开了，现在在北京华宇时尚购物中心做总经理。在华宇工作的一年多时间，我憋着一口在万达壮志未酬的气，于是更加大胆地放开手脚开展各项工作：

招商上以增加体验、捕捉新型零售业态为核心，2016年完成品牌调整达到60家，速度和数量上均创造了纪录；

经营上在"双12"、圣诞节、店庆等活动期间，连续多次创造、刷新华宇时尚购物中心单日销售纪录；

而从全年经营数据来看，商场在集团商业系统内部从前几年倒数，到现在已经算是名列前茅；

从2016年2月份起，商场客流3年内实现同比正向增长；

从2016年7月开始，经营收益和利润3年内首次月度同比增长；

从2016年10月开始，联营部分的交易笔数3年内首次同比增长；

刚刚过去的2017年第一季度，在商业零售整体低迷的情况下，北京华宇的收益、利润实现近几年来的首次季度增长，其中利润增长达到两位数！

不过当初万达百货撤店，我差点阴差阳错地留了下来，嗯，故事是这样的：

当时北区娄总接管百货，任集团总裁助理兼百货管理中心总经理，下面营运部、招商部、企划部三个部门中，前两个部门都有总经理了，后者只有副总经理，还缺一个总经理，而且因为这个副总经理袁总属于刚提拔不久，暂时也不能出任总经理。于是，百货企划部总经理的人选就在洪洋、我、沈君我们三个人之间，洪洋肯定是不可能了，原因是前文所述，沈君当初正好在我手下协助我工作，已经算名副其实的部门总经理了；而我曾经在综管市场部策划百店同庆时，在娄总手下负责过，配合也算过关，并且是名副其实的企划部总经理。

这样看来，应该是我的希望最大！

而张总有一天也恭喜我，说我留下来了，职务是百货企划部总经理，张总进行了力荐，并说这是几个班子成员最后开办公会讨论的结果，回头娄云总会找我。

我当时还蛮吃惊的，说："我愿意继续追随张总啊！"

彼时几个南区骨干都在一块吃饭，说以娄总的选人方式，估计不会选南区的人做这么高的位置吧？这个企划部总经理同时还是班子成员呢，是百货副总经理兼企划部总经理！

而第二天的结果是，沈君告诉我，娄总找她了，要她做百货企划部总经理！哈哈，这就是最终结局。

当然，这只是我自己在万达的结局，而万达的变化和调整一直在继续，现在再看当初的结局，则又是一番物是人非了！

现在的万达，不仅仅是商业头条了，还时时登上娱乐头条。

比如董事长王健林的年会高歌，最近几年频频流出，被网友誉为"一个被耽误了的专业歌手"，而"先定个小目标""不多不多，才5个亿"等更是成为年度最热语录。

抛开王健林董事长在网络上的无心插柳不说，单单王思聪的强大气场和自带IP就足以让不少同龄的小鲜肉明星黯然失色！

毫无疑问的是，这个气场，其实也是万达的气场，而万达的气场，其实也是目前中国经济的气场，一说中国经济，我想大家就懂了……

书写到这里基本算告一段落了。在此，我也要深深感谢经历过的万达集团领导和同事们！万达文化及强大执行力的熏陶，尤其是其中几位领导的工作魅力和魄力，对我职业生涯产生了深远的影响；而曾经共事的很多同事，包括现在在职和已经离职的，都成了很好的朋友，万达精神（包括万千精神）也成为了我们很多人共同的精神家园。

同时，我还要感谢我的大学同学、图书出版人韩德江先生，在几次聚会中，他感觉到我对万达还是抱有一种深深的感情，对万达商业及百货的很多关键事件经常碎碎念念，于是便鼓励我将在万达的工作经历写出来。历经三个多月，上班之余，我利用周末闲暇和下班后的时间，陆陆续续将我在万达这七年所历所感付之以文字。

当然，我知道其中很多内容还是比较幼稚的，对于人和事的看法也掺杂了自我主观的色彩，可以说不尽准确、不尽全面，一些岗位和人物也用了化名，所以在此恳请各位不要机械地对号入座。人其实很难准确全面地描述一件事，就像薛定谔之猫一样，在不同的维度空间，事实是完全不同的同时存在。